コンプライアンスリスクに対するリテラシーの高い組織をつくる

激動の時代を生き抜くための唯一の不祥事予防法

改訂版

大久保 和孝

株式会社大久保アソシエイツ 代表取締役社長
公認会計士・公認不正検査士

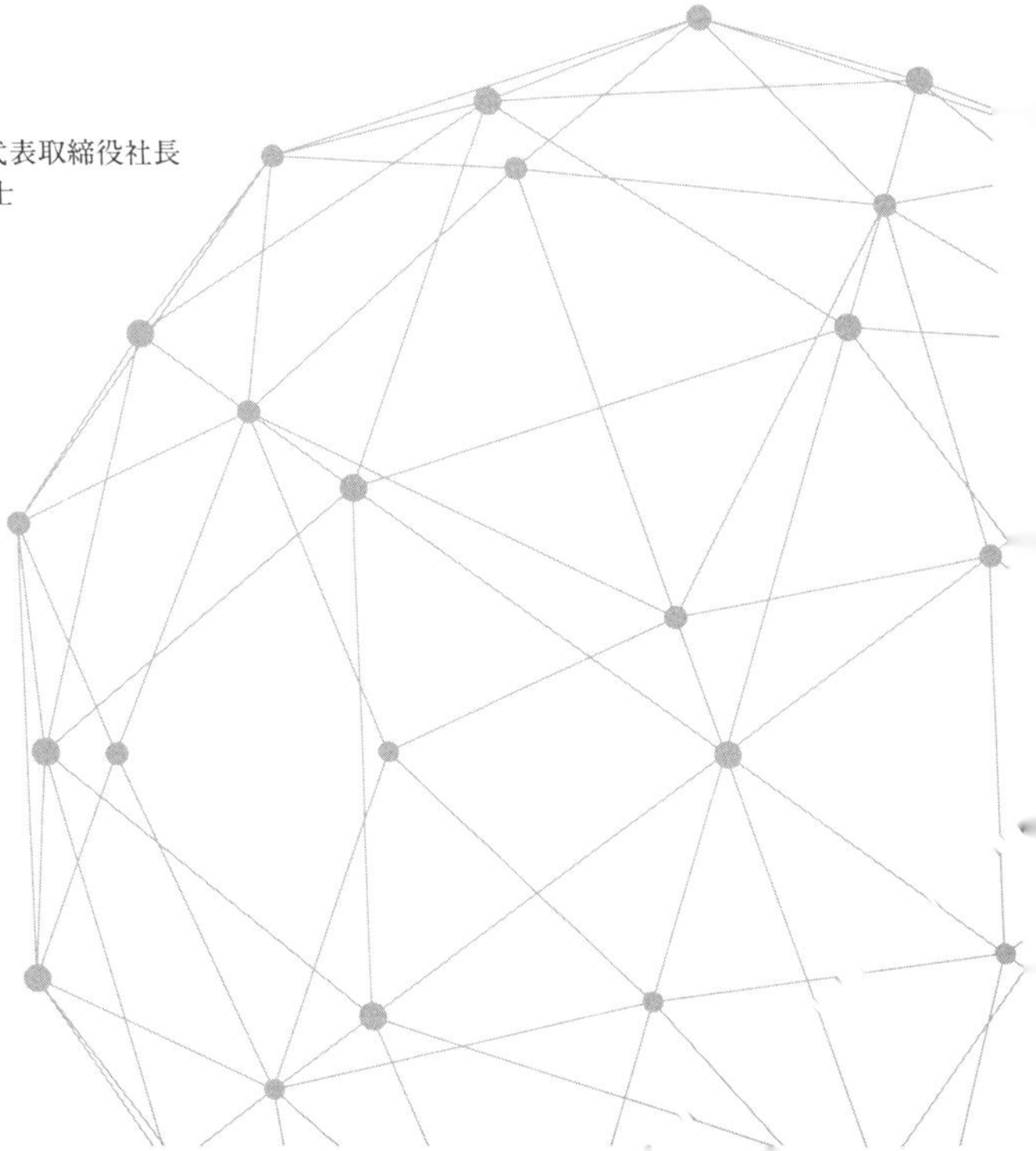

第一法規

改訂版　はじめに

なぜ、不祥事がなくならないのでしょうか。不祥事は「社内の常識が社会の非常識として露見する」ことで生じやすくなります。このように考えると、不祥事予防のカギは、いかに社会の常識を社内の常識へと意識変革できるかにかかっているといえるでしょう。しかし、人々の意識を変えるのは容易ではありません。そのため、意識変革を促す仕掛けや仕組みを構築することが必要です。つまり、コンプライアンスへの取組みは、意識変革を促すことに他なりません。意識を変革するには、社会の変化や潮流を敏感に感じ取り、自分事として行動に移すことが求められます。ゆえに社員一人ひとりのリスクリテラシーを高めていくことが不可欠なのです。

現代の経営において、「リスクリテラシー」は最も重要な基盤です。リスクリテラシーとは、リスクを正しく理解し、予測し、適切に対応する力を指します。この力を高めることは、リスクに対する想像力を養うことを通して、社会の変化に敏感に対応し、組織の持続可能性を高めることにつながります。

経営における最大の課題は、予期せぬ事態を未然に防ぐことです。リスクリテラシーを高めた組織は、リスクを予測し、迅速に対応できるようになるため、リスクマネジメントの実効性を高めるとともに、コンプライアンスリスクの軽減にも寄与します。このように考えるとリスクマネジメントは、経営そのものを支える不可欠な土台であり、従業員一人ひとりのリスクリテラシーが、その実効性を左右します。

リスクリテラシーは単なるスキルではなく、経営の根幹を支える力なのです。私たちがこの力を身につけることで、社会からの信頼を得て、より強固な経営基盤を築き上げることができるのです。未来を切り拓くためにも、組織全体でリスクリテラシーの向上に取り組んでいきましょう。

本書では、コンプライアンスへの取組みが単なる目的化しないよう、常に取り組む意義を再確認しながら、実務で積み上げてきた経験に基づく具体的な対応策や仕組みづくりの方法を解説します。

なお、私のコンプライアンスに関する考え方の基盤には、麗澤大学の高巖教授と郷原信郎弁護士のお二人からのご指導があります。

まず、二〇〇〇年にコンプライアンスに取組み始めたきっかけは、麗澤大学の高巖教授との出会いです。一九九〇年代後半に相次いだ企業不祥事を受け、「いずれコンプライアンスの取組みが企業の評価軸になる」と高教授は考え、國廣正弁護士らとともに「ＥＣＳ

2000」というコンプライアンス規格の検討チームに参画して議論を重ねました。同規格は、法令の重要性を評価し、重要なものから優先順位をつけて遵守する体制を整えることで、経営者自身による継続的な見直しを通じて組織を成熟させることを目的としていました。正式な規格には至りませんでしたが、今なお、通じる原理原則を示した指針です。

その後、コンプライアンスという言葉が社会で論じられるようになりましたが、「遵守」という側面だけが強調されるあまり、一部の組織では取組みが形骸化し、組織風土の悪化や思考停止を招くケースが散見されるようになりました。その代表例がパワーハラスメント問題です。パワーハラスメントは許されるものではありませんが、適切な指導さえもしにくくなっているのであれば、本末転倒です。誰のため、何のためにコンプライアンスに取り組むのか――もう一度、原点に立ち返る必要があります。

このような中で私が出会ったのが、当時桐蔭横浜大学教授だった郷原信郎弁護士です。郷原弁護士は「コンプライアンスとは社会の要請に応えること」という考え方を日本で最初に提唱され、その後、私のコンプライアンスに対する考え方の根幹となり、本書の基本的な考え方となりました。現代のように急激に環境が変化する時代には、社会の要請に応え、柔軟に変化に適応していく経営が求められています。しかし、コンプライアンスを「法令遵守」と狭義にとらえてしまうと、組織が思考停止に陥り、時代に逆行する経営となりかねません。

こうした素晴らしい先生方との出会いを通じて、私自身も監査法人で職員のインサイダー事件など、社会を揺るがす問題に直面しました。コンプライアンス室の立ち上げや行動指針の策定などに主導的な立場で取り組んだ経験は、その後のコンプライアンス推進を考える上で貴重なものとなりました。また、自法人の問題に加え、クライアントの会計不正など、様々な社会問題に対処する中で、高教授には行動指針の策定を、郷原先生にはコンプライアンス委員会の立ち上げと初代委員への就任をお願いし、監査法人のコンプライアンス体制の構築と危機対応に尽力いただきました。お二人の先生方のご指導のおかげで、監査法人としてのコンプライアンス体制が確立でき、私自身の経験にもなりました。

当事者としての経験、企業や行政の第三者委員としての経験、そして経営の立場からコンプライアンスを考察してきた経験を凝縮したものが本書です。

こうした経験から得た結論は、コンプライアンスの実効性を高めるカギは、経営トップから従業員まで、コンプライアンスリスクに対するリテラシーを向上させることです。そのためには組織風土の変革が不可欠であり、とくに、環境変化の激しい昨今では、経営トップだけでなく、~組織風土は管理職の言動に大きく左右されるため~、管理職一人ひとりが率先して変化を敏感にとらえ、自分事として「言葉の力」を活かし、経営理念と一貫した施策を部下に伝えることが求められています。

本書は、経営トップやコンプライアンス部門だけでなく、現場の管理職がコンプライアンスの実効性を確保するためにどのように行動すべきか、という視点からも記述しています。組織全体からの視点だけでなく各職場での取組みとしても参考にできる内容も触れています。

また、本書は企業だけでなく行政機関、病院、大学など様々な業態の組織でも共通して活用できる具体的な実践方法を示しています。いかなる組織でも、不祥事や問題の根本原因には共通点があります。本書を活用頂き、皆様の経営の一助になればと願っております。

［目次］

改訂版 はじめに 3

第1部 理論編

第1章 コンプライアンス推進はリーダーの言動がカギを握る 14

コンプライアンス推進のカギを握るのはリーダーの言動にあり……14
「五箇条の御誓文」から学ぶこれからの時代のリーダーシップ……17
コンプライアンス部門に期待されること……23
経営陣に期待されること……25

第2章 不祥事とその要因 32

本書における不祥事の分類……32
不祥事の要因の分類①～「ムシ型」と「カビ型」……35
不祥事の要因の分類②～「組織的違反」と「個人的違反」……40
「日本的」な組織風土と不祥事の関係……43

COLUMN　日本人の根底にある遵法意識とは …… 48

第3章　「法令遵守」から「コンプライアンス」へ　49

「法令遵守」が招く弊害 …… 49
〝しなやか〟なコンプライアンスを目指して …… 56
言葉の意味を本質から理解する …… 58
COLUMN　独占禁止法を巡る環境変化 …… 63

第4章　コンプライアンスリスクに対するリテラシーの高い組織をつくるには　64

コンプライアンスは経営と一体となって取り組む …… 64
コンプライアンスリスクに対するリテラシーを向上させる「五つの力」を身につける …… 72
組織風土を変革する …… 82
COLUMN　プロダクトメイクの時代へ …… 93

第5章　持続的成長に向けて　94

リベラルアーツ的思考力の鍛錬 …… 94

真ん中的視点をもつことの重要性……97
「常若」の精神を保つ人材育成の必要性……100
自己変革の眼と揺ぎない信念をもつことが持続的成長につながる……103
COLUMN　言語の本質の理解に向けて……106

第2部　実践編

第6章　内部統制とは　108

歴史から紐解く内部統制……108
COSOフレームワークからみる内部統制の本質……112
会社法が規定する内部統制の構築とは……118
COLUMN　「法令環境マップ」を作成してみよう……123

第7章　リスクマネジメントとは　124

リスクマネジメントの基本的な考え方……124

リスクマネジメントにあたっての実務的課題～回転寿司経営を目指して…… 130
COLUMN　組織風土を変革するためには継続的な努力あるのみ…… 136

第8章　リスクに対するリテラシーを向上させるための具体的な施策　137

コンプライアンスに取り組む意味を「感性」で理解してもらう…… 137
習慣を変え、環境を整える…… 141
効果的な研修計画の立案方法…… 148
啓発活動の立案のポイント…… 157
「対話」研修の実施…… 170

第9章　「リスクコミュニケーション」を組織に根づかせるために　182

「リスクマップ」を作成する…… 182
リスクマップにおける評価基準の考え方…… 195
リスク対応計画の策定に際して…… 205

改訂版　おわりに　216

理論編

理論編では、不祥事を予防するために知っておくべき知識および考え方について理解を深めていきます。コンプライアンスリスクに対するリテラシーの高い組織をつくるためにも、不祥事を起こしやすい組織の本質やコンプライアンスの本当の意味などについて、理解しておく必要があります。

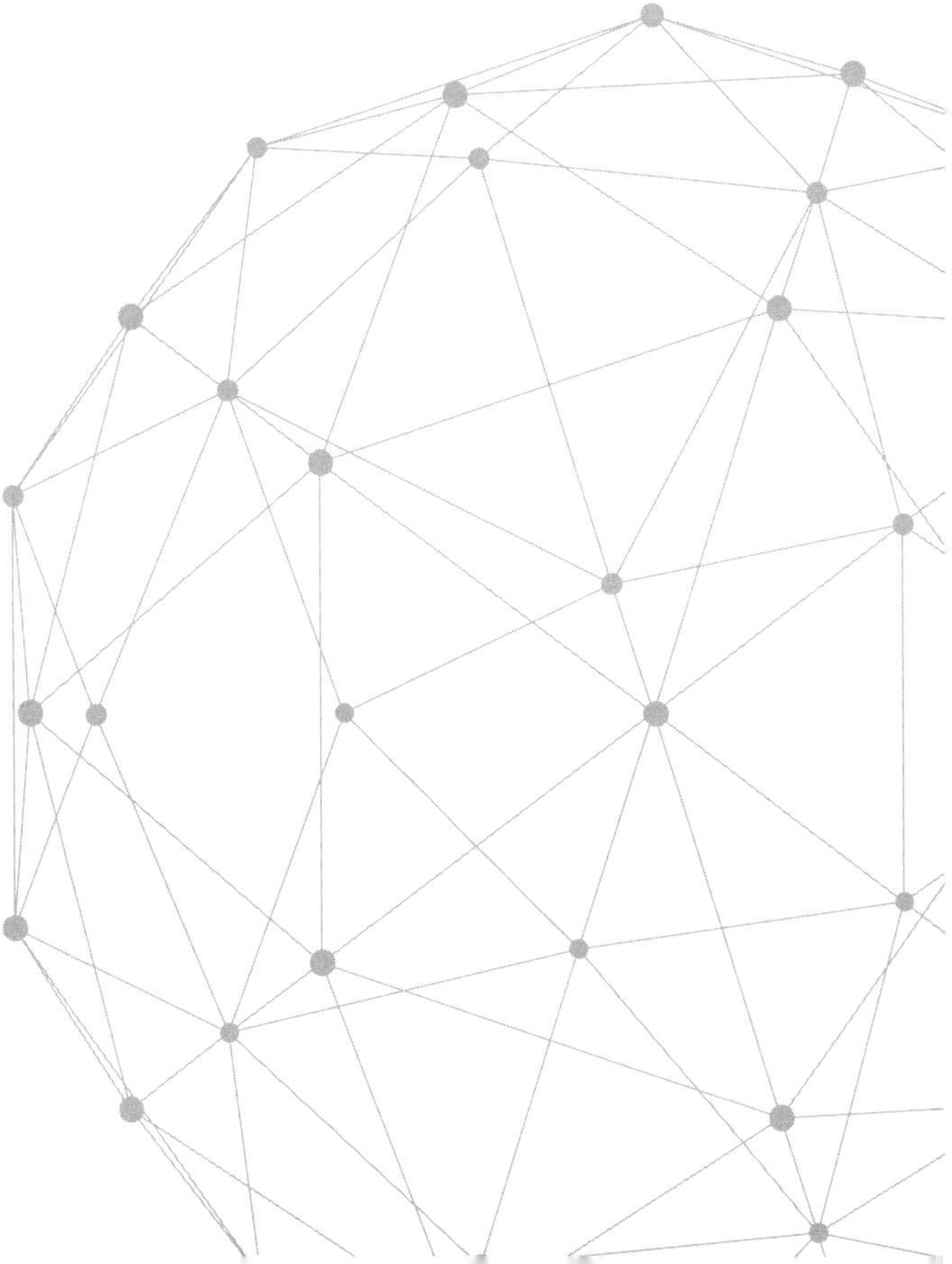

第1章 コンプライアンス推進はリーダーの言動がカギを握る

コンプライアンス推進のカギを握るのはリーダーの言動にあり

「何のためにコンプライアンス研修にこんなに時間を割くのですか？」「私はきちんと遵守しているので問題ありません」。もし部下がこのように尋ねてきたら、あなたはどのように答えますか。

「不祥事を起こさないため」「コンプライアンス部門からの指示だから」「仕事をするうえで法律を守るのは当然だから」などの教科書的な回答や一般論では、およそ部下を納得させた自発的な行動を促すことはできません。結果として、コンプライアンス意識を浸透させた組織風土にはなりません。コンプライアンス意識を醸成させるには、上司の言動が大きく左右するのです。組織風土としてコンプライアンス意識を定着させるためには、リーダー（経営者だけでなく、各組織をとりまとめる管理職を含む）自身が自分の言葉でコンプライアンスに取り組む意義や目的、必要性を語れなければなりません。

他方で、企業はなぜ不祥事を起こすのでしょうか。横領や痴漢に象徴されるような個人の私利私欲による個人的違反に対して、組織の利害のために組織の複数の人間が行う組織的違反があります。多くの企業不祥事では、組織的違反が問題とされますが、根本的な原因に「社内の常識は、社会の非常識」があるのではないでしょうか。「このくらいなら…」、「これまでは」許された、といった悪しき慣行から抜けきれない組織風土を持つ組織に生じやすくなります。こうした組織での不祥事予防のためには、「社内の常識を社会の常識に合わせること」がカギを握り、そのための意識変革を促すのがコンプライアンスの主要な目的の一つにもなります。

すなわち、時代の変化に合わせて従業員の意識変革をさせるにあたり、リーダーの果たすべき役割が重要になるのです。

コンプライアンス意識を組織に確実に定着させるためには、まず、組織としてのコンプライアンスへ取り組むビジョン（目的や取り組んだ先にどのような組織を目指すのか等）を具体的にわかりやすく言語化して明示し、それらをリーダーが自らの言葉で物語として語ることで、組織内に落とし込んでいきます。ゴールを具体的にわかりやすく示すことで、部下も、納得感をもって理解することができ、共感を引き出します。

そのためには管理職自身のリーダーシップ力が求められ、自身の意識変革が前提となります。まずは、管理職自身が、コンプライアンスに取り組む意味を心の底から理解することが不可欠です。その際にコンプライアンス推進にあたり求められるのが、

①潮目を読む力
②モチベーションを向上させるリーダーシップ力
③質問力
④プロデュース力
⑤ファシリテーション力

の、五つの力です（詳細は第4章で述べます）。

リーダーに求められる五つの力で、組織内部のコンプライアンスリスクに対するリテラシーを高め、コンプライアンス意識の醸成を目指します。日々の業務に追われている部下に代わり、リーダーが率先して環境変化を俯瞰して把握し、部下が自分事化できるように働きかけることが大切です。リーダーの率先した行動は、研修を行うよりも効果的に組織風土の変革を促すのです。

また、どの組織であっても、何かしらの課題を抱えています。しかし、限られた予算、人員、時間の中で対応できることに限界があります。優先順位をつけて、取捨選択して取り組む必要があります。言い換えると業務の優先順位を決め、限られた資源の配分を決めることがマネジメントであり、リーダーに求められる業務です。コンプライアンスの取組みでも同様です。すべてのリスクに対処することは、現実的には不可能です。そこで、リーダーが、環境変化を踏まえつつ、優先順位をつけて取り組む必要があります。

「五箇条の御誓文」から学ぶこれからの時代のリーダーシップ

人々の価値観が多様化する中で、社会構造そのものが大きく変革しようとしています。デジタル化による産業の変化、地域や国のあり方など、あらゆるものが根本から変わろうとしています。このような混沌とした現代において、持続的な経営のために、組織はどうあるべきか、どのようなリーダーシップをとるべきか、悩まれる方も多いと思います。

現代と同じように、社会の価値観が多様化し、社会構造そのものが大きく変革した時代が、かつての日本にも存在していました。江戸から明治にかけての時代です。このときも、欧米の文化や技術が急速に流入し、社会構造が大きく変革していったのです。江戸から明治への変革の時代を統治するために、明治政府が基本方針として示したものの一つに「五箇条の御誓文」というものがあります。

後の明治憲法制定の基礎にもなった「五箇条の御誓文」ですが、改めて読み、現代にあてはめてとらえてみると、時代の変革期における組織やリーダーシップのあり方についていて、今の私たちに参考にできる点が多々あります。

「五箇条の御誓文」を通して、これからの時代に求められる組織やリーダーシップのあり方について考えてみたいと思います。なお、余談ですが、「五箇条の御誓文」は、私の先祖である木戸孝允がとりまとめの一人として関わっていたもので、私の思想の根底にあり、考え方の指針でもあります。是非、参考にして頂きたいです。

> 一、広く会議を興《おこ》し万機公論《ばんきこうろん》に決すべし
> 訳：広く会議を開き、重要事項は多くの意見を反映し、公正に決めるべきだ

重要事項は様々な立場の人が参加する場で対等に議論し決めること。物事の決定には、もはや上意下達や権威主義によるのではなく、関係者同士が対等な立場での「対話」（詳細は第8章で述べます）の必要性を説いています。近年では、ＮＰＯをはじめ、新たな社

会セクターも強い発言力をもつようになりました。その他、メール一つで組織のトップと直接コンタクトをとることも容易にできる時代となり、組織の意思決定構造もフラットになるなど社会構造も変化しています。

多様な価値観が混在する社会では、立場を問わずあらゆる人々を巻き込み、多くの場で「公衆の認める議論」（＝「対話」）を促すことが求められます。

> 二、上下《しょうか》心《こころ》を一にして盛《さかん》に経綸《けいりん》を行ふべし
>
> 訳：身分の上下に関係なく、心を合わせて国を治め、人々の生活を安定させる政策を行うべきだ

上意下達ではなく、「対話」を通して異なる意見も吸収し、双方が納得する着地点を探り、一定の方向に導いていくこと。多様な価値観が存在する社会では、単一の価値観を押しつける「権威主義的なリーダーシップ」より、多様な価値観を吸い上げていく「共感型のリーダーシップ」が重要になっていることを説いています。

> 三、官武一途《かんぶいっと》庶民《しょみん》に至る迄各《おのおの》其《その》志《こころざし》を遂げ人心《じんしん》をして倦《うま》ざらしめん事を要す

訳：公家や武家はもちろん一般の国民にいたるまで、それぞれが職責を果たし志を遂げられるように、また、人々が希望を失うことがないようにすべきだ

人々がモチベーション（動機）をもって自発的に取り組めるよう促すこと。人が自発的に物事に取り組むためにはモチベーションが欠かせません。モチベーションを高めるためには、組織として、何をすべきかの議論の前に、「どうなりたいのかという目指すべきビジョン（志）」を具体的な言葉として示す（＝言語化する）ことです（詳細は第8章で述べます）。方法論や手段が先行してしまうと、「何のためにそれをするのか」ということが理解されないため、結果として人々のモチベーションを下げかねません。先行き不安な時代だからこそ、従業員や部下のモチベーションを高めていくことが、様々な施策の実効性を高めるためにも不可欠なのです。

四、旧来の陋習《ろうしゅう》を破り天地の公道《こうどう》に基《もと》づくべし

訳：これまでの悪い慣習をやめ、普遍的（私心のない倫理的）な道理に基づく行動をしていくべきだ

変化が激しい時代では、これまでのルールや慣習に縛られることなく、環境変化を鋭敏にとらえ、社会からの要請（＝潮目の変化を読む）に積極的に応えていくことが求められます。そのためには、リーダーが率先して社会の潮目の変化を読み取ると同時に、組織内の悪しきルールや慣習などを打破し、より広い視野から新しい事業の枠組み（パラダイム）をつくらなければなりません。法律そのものも、ハードローからソフトローの時代になったことを意味しています。

> 五、智識を世界に求め大《おおい》に皇基《こうき》を振起《しんき》すべし
>
> 訳：自国のことを知り諸外国の様々な価値観を理解したうえで、国を発展させていくべきだ

世界中から優れていることを取り入れ、自身の哲学を踏まえて大成すること。自分の国や組織でしか通用しない「ガラパゴス化」した慣習に閉じこもるのではなく、率先して社会の価値観の変化を感じ取り、組織を変化させていくことの重要性が説かれています。

多様な価値観をもった人々をまとめるために、権威に依存しない対等な立場で行われる

「対話」を促し、様々な意見を取り入れ、古いルールや慣習にとらわれない新しい価値観を導き出し、ビジョン（志）を示して人々の行動をファシリテーション（促進）する――。

「五箇条の御誓文」からは共感型のリーダー像を読み取ることができますが、このようなリーダーシップをとれるかどうかが、現代においても重要になっていると考えています。価値観が多様化している現代において、持続的に成長していくためには、明治から江戸の変革期同様、様々な価値観をもった人を一つの方向にまとめていくことが求められるからです。

次節では、こうしたリーダー像を前提としたうえで、本書の読者と想定される

①コンプライアンス部門（の担当者）
②経営陣

のそれぞれどのような役割が期待されているのか、コーポレートガバナンス・コードや会社法などを踏まえて述べていきます。

コンプライアンス部門に期待されること

コンプライアンス部門は、コンプライアンス推進にあたって、プロデューサー的な役割を黒子として果たすことが期待されます。ステージ（委員会など）で演出するのは、現場のトップ（＝コンプライアンス委員）です。それに対して、コンプライアンス部門は、目的達成に向けて、全体を俯瞰しつつ、各委員が自発的に動けるように演出するなど、参加意識を高められるようにプロデュースしていきます。そのために、具体的には、

①コンプライアンスに取り組んだ結果、どうなりたいのかというビジョンや目的、目標を参加の各委員が共感できるものを具体的に言語で示し（見える化）、

②制約・前提条件（予算や期限、環境など）を認識したうえで、

③自組織が直面している課題について、実態（従業員の意識や組織風土など）を踏まえた原因分析まで踏み込んだ解決すべきリスク

を整理しながら、解決策を模索していきます。大切なことは、参加しているコンプライアンス委員が自発的に考える環境をつくることです。コンプライアンス委員会を対話の場

（＝課題解決プラットフォーム）として位置づけることです。いいかえれば、コンプライアンス委員会は課題解決のための「対話の場」であり、コンプライアンス部門は「対話の場」のプロデューサーであり、かつ、ファシリテーターの役割を担うのです。コンプライアンス委員会が「報告の場」であってはならないのです。

今の時代は、単純な解決策のない問題や今までに経験をしたことのない新たな課題に直面することが多いのも事実です。そのため、解決策ありきで考えるのではなく、目的達成（具体的なゴール設定）のために、一定の制約条件の下でどのように解決していくのかを模索していく過程が大切になります。

なお、これらのことは、コンプライアンス委員会に限りません。リスクマネジメント委員会や、サステナビリティ委員会なども同様です。経営課題に対して効果的な施策を検討するために、各種会議を「課題解決プラットフォーム」と位置づけ、事前に、先の三つの事項を整理し、解決すべき課題・問題を明確にしたうえで議論の場として開催することです。

中でも、コンプライアンス部門は、関係者間で徹底した対話ができる環境を意識してつくるとともに、議論が盛り上がるようにいかにファシリテーションできるかが成否のカギを握ります。限られた時間の会議を効率的かつ効果的に進めるためには、前提条件などを明確にする一方で各種資料の事務局からの説明は最小限に留め、参加者による「質問」を通した資料の説明とすることで、議題の自分事化を図り効果的な意見を引き出すなどして、対話に多くの時間を割きましょう。こうした会議の運営は、取締役会など、様々な会議の運営方法にも共通していえることです。

なお、単なる情報共有が目的ならば、会議形式以外にも有効な代替手段があります。会議は、多くの関係者が時間を合わせて一同に会する貴重な機会です。この貴重な機会を、効果的なものとするためには、単なる「報告の場」ではなく、「対話の場」とすることで、議論を活性化させ、納得感のある課題解決策を導き出すことにつながります。

経営陣に期待されること

取締役に期待されること

健全なコンプライアンス風土を醸成《じょうせい》できるかどうかは、経営トップや幹部の日々の言動に左右されます。経営トップはもちろん、すべての取締役等の経営幹部が、コンプライアンスリスクに対するリテラシーを高め、コンプライアンスに取り組む意味について心の底から納得し、従業員に対してパッションをもって伝えられるようにすることです。また、コンプライアンスに関する施策と経営計画を一貫させて実行することも大切です。

さらに、各リーダーが認識しているリスク（感覚）について、相互の認識の共有を促すための機会を意識してつくる必要があります。また、日々の業務に追われ、多忙を極める中で、取締役同士の対話の機会が少なかったり、視野が狭くなりがちなことは否めません。意識して、社会の変化を取り込む時間をつくるとともに、経営を取り巻く環境の変化に関する情報や社外の意見に触れる機会を積極的につくるなどして、社会からの要請を感じ取りやすくすることです。できれば、忙しい取締役ほど、むしろ、業界団体との付き合いだけでなく、財界など広く外部との活動に参加することも大切です。

なお、取締役は、自部門の視点からだけではなく、全社視点からリスクについてとらえることが職責として求められています。そのため、会社のリスクについて、日ごろから役員同士での対話を通して認識合わせを行うことが不可欠です。具体的には、定期的に役員の意識啓発を目的とした研修会の実施、リスクコミュニケーションの機会の設置、積極的な対外的交流の実施など、潮目を読み、環境変化を自分事化していく機会をつくることです。また、社外役員とは、取締役会の場だけでなく、公式・非公式ともに意見交換の機会を増やし、積極的な対話を図ることも有用です。

社外取締役に期待されること

コーポレートガバナンス・コードでは、社外取締役に対し、長期的な企業価値の向上や株主の利益保護のために、独立した立場から経営に対し監督、助言することを期待しています。すなわち、「全社リスクガバナンスの視点から監督を行うこと」と「長期的な視点から企業価値向上のための助言を行うこと」が、社外取締役には求められています。

コーポレートガバナンス・コードが期待する役割を果たすためには、ガバナンスとリスクの関係を正確に理解することです。なお、グローバル企業・老舗企業・オーナー系企業など、組織の来歴によって前提となるリスクも大きく異なります。自社の来歴や置かれている状況を踏まえつつ、会社法施行規則第１００条に規定されているリスク管理体制を整備・運用の評価を行うことから進めます。

ただ、取締役会で全社リスクについて、全体を俯瞰《ふかん》しながら体系的に議論することに時間をかけている企業が少ないようです。会社全体の視点からのリスクについて相当程度、時間をかけた議論が必要です。そのためにも、リスクを全社視点から俯瞰的に一覧性をもって可視化された資料の作成がカギを握ります。限られた時間内での議論において、詳細なリスク評価シートだけでは、目に留まった個別のリスクに対する議論に引っ張られかねず、全社視点から体系的に議論をするのには向いていません。

リスク認識の徹底した共有を図るためにも、経営会議はもちろんのこと、取締役会でも相当程度の議論が必要です。議論にあたっては、具体的なリスクを体系的に一覧性をもって可視化したリスクマップ（詳細は第9章で述べます）に基づき、役員同士でリスクに関する認識を共有するためにも、対話を行う機会を定期的に一定の時間もつことです。その際に従業員の意識調査などの組織風土の検証をしたものを踏まえることも有用です。

また、社外役員は、ガバナンスの実質的な運用を評価したうえで、適宜、是正勧告・助言を行うことも期待されます。

特に、本書の主題である、組織のコンプライアンスリスクに対するリテラシーを向上させることで不祥事を予防するためにも、社外役員からの「よそもの視点からの社会の潮目について」の助言の役割が重要です。なぜなら、常勤取締役は、目先の業務に追われてしまい、内向き志向になりがちで、環境変化を見失いがちだからです。それゆえに社外取締役が、「よそもの視点」から環境変化を伝える（＝助言する）役割を積極的に果たすことです。たとえば、投資家を意識した取組みＥＳＧ視点での情報開示のあり方、防災・減災への対応、事業のデジタル化の推進などの最先端の情報を、評論家のように論じるだけでなく、タイムリーに情報を紹介したり、社外の人脈とつないだり、具体的な事業活動への落としこみを促す役割が期待されるのです。

このように社外取締役が「よそもの視点」から率先して「助言」を行い、社内取締役の意識啓発を誘発し、取締役会をはじめとした組織のコンプライアンスリスクに対するリテラシーを向上させていくことは、不祥事の予防のみならず、企業価値向上にもつながります。

評論家の伊藤肇氏が、安岡正篤氏の言葉を引用して謳った帝王学の三原則の一つに、よき「幕賓《ばくひん》」をもつこと（『新装版　現代の帝王学』プレジデント社）とあります。「幕賓」とは、「野にあって帝王に直言できる人物」を指し、まさに社外役員に求められている役割でもあります。形式的要件にこだわることなく、社外役員として適切な能力と経験を兼ね備えた人材を登用できているかが、その組織のガバナンスの実効性を担保するといっても過言ではありません。

こうして、リスクマップによる社内外の取締役の対話を通して、取締役のリスク認識を合わせ、具体的な課題解決策の検討に向けて一緒になって模索することで、組織が直面する困難な課題への対応方法だけでなく、そこから新たなリスクもみえてくることがあります。取締役の率先したリスクリテラシーの向上は、組織全体のリテラシーを向上させるためには不可欠です。

監査役（取締役監査等委員を含む）に期待されること

近年、監査役、とくに社外監査役が果たすべき役割と責任は大きくなっています。監査役は、会計監査と業務監査を通して職務執行行為を調べ、違法や不当があれば阻止・是正することが職務です。

他方で、会計監査人が行う監査は、「財務数値の適性性」に焦点が絞られており、「業務執行に関わる本質的な問題を対象とする業務監査」については、監査役が職務遂行の責任を負います。

監査役は会計監査人との連携を強化し、監査リスクを共有し、対話することが大切となります。会計監査人は膨大な時間を費やし多くの情報を得ています。会計監査人から得られる情報を業務監査に活かし、監査役監査の効率性・実効性を高めます。そのためにも、会計監査の計画立案時から監査役も積極的に関わるほか、会計監査人に期待することについても積極的に意見交換をしていきます。こうした会計監査人との積極的なコミュニケーションは、サプライズ（突然問題が認識される）を回避するとともに、監査リスクそのものを低減させることにもつながります。

次に業務監査です。業務監査の前提として組織風土の理解が大切です。組織風土などの各種調査結果などを踏まえて監査リスクを評価・整理したうえで、計画を立案することです。また、会社のリスクマネジメント体制およびその内容の適切性を評価する必要があります。監査役は、リスクマネジメント体制のあり方やリスクの実態を把握できるだけの見識《けんしき》を保持し、日々鍛錬しなければなりません。リスクマネジメントやコンプライアンスの体制整備と取組みの運用実態~形式的だけではなく~を適切に評価を行うほか、取組みの一貫性をも検証し、必要に応じてガバナンスの観点から改善指導を行う必要があります。また、取締役会をはじめ主要な会議において、リスクに関する議論が適時適切に行われているのか、行われていない場合には実施するように勧告するなど、リスクマネジメント体制の確立を促す立場でもあります。

とりわけ業務執行の評価を行う監査役は、経営者の視点から環境変化に対する洞察力と思考力をもちつつ、環境変化を踏まえてリスクを評価しなければなりません。そのため監査役は、環境変化に対して人一倍鋭敏に感じ取り、学ぶための自己研鑽《けんさん》の努力を惜しまず、また積極的に社外との交流を深めるなど、社会的要請や潮目の変化の把握に努めます。

第2章 不祥事とその要因

本書における不祥事の分類

　不祥事といっても、その内容は千差万別で、程度にも大きな差がありますが、再発防止策を考えるうえで、対象となる不祥事の定義づけが大切です。本書では、便宜的に、不祥事のもととなる不正行為を、動機の観点から、次の四つに分類して考えていきます。

①悪意ある意図的な不正行為
②軽い動機ではじめたがやめられなくなった中毒的な不正行為
③意図せず行ってしまう不正行為
④過去の慣習に基づく不正行為（このくらいならいいや、という悪しき慣行を含む）

不祥事が起きると、共通して指摘されるのが、「役員・社員のコンプライアンス意識の欠如」です。しかし、こうした抽象的・表面的な指摘では、問題解決にはつながりません。不祥事は、事案ごとに背景や原因が異なるので、効果的な再発防止策の検討のためには、不祥事が起きた根本的な原因を徹底して探究し、それらを踏まえたうえで、実態に即した対応策を講じることが重要となります。具体的な、アプローチについて、第8章で解説をします。

まず、①、②のタイプの、悪意をもって意図的になされる不正行為を防ぐことは簡単ではありません。物理的に不正ができない仕組みの構築・厳罰の導入などといった具体的な対策が必要となります。実務的には、防止にかかるコストと発生可能性の度合いとの関係で、どこまでの対策を行うべきかを決めることになります。他方で、この種の悪意をもった意図的な不正行為が表面化したとしても多くの場合は、不正を行った「個人」に対する批判で収れんする場合も少なくありません。その意味では、経済的なダメージはありますが、組織へ風評被害としての影響は限定的なことも事実です。

それに対して、一般的に「不祥事」といわれ、組織が社会から糾弾を受ける事件の多くは、③、④に該当する、意図しないままになされている不正行為です。これらの多くは、担当者個人による行為が問題なのではありません。背景に、業界や組織全体にはびこる長年の悪しき慣習や、時代の変化とかみ合わない独自のルールなどが存在します。それらが表面化したときに社会から痛烈な批判を浴び、「組織」の不祥事と認識されると社会問題にまで発展することがあります。これらは、物理的な問題を引き起こしておらず、一見大した問題ではないように感じるものが多いのが特徴です。しかし、マスコミ対応を誤ったばかりに、組織全体が批判され、事業継続までもが危うくなるケースもあります。

本書では、③、④のような、無自覚な行為が、社会的責任として、社会から批判を浴び、不祥事と指摘されかねないような典型的な事象について、どのように防止し、対応をしていくのかという視点から論じていきます。

こうした不祥事は、ルールを守ったかどうか、法令などの基本的な知識の欠如があったかどうかという問題よりも、過去の成功体験に固執したり、時代に合わない感覚や業界や組織全体にはびこる悪しき慣習などが刷り込まれた従業員の潜在的な意識をいかに変革させられるのかがカギを握ります。このような問題を内包する組織が不祥事を予防するためには、古い悪しき考えをもった従業員のコンプライアンスリスクに対するリテラシーを高め、意識を変革させていくことです。

本書では、そうした視点から、いかにして、社会の価値観の変化〜潮目の変化〜を鋭敏にとらえ、自分事化させることで、行動につなげていけるのかを論じていきたいと思います。

不祥事の要因の分類①～「ムシ型」と「カビ型」

「ムシ型行為」と「カビ型行為」

不祥事について、弁護士の郷原信郎氏は、不祥事の発生原因の視点から、「ムシ型行為」と「カビ型行為」に整理しています。「ムシ型行為」とは、個人の意思で、個人の利益のために行われる不正行為のことで、「カビ型行為」とは、その業界や組織において、個人の意思を超えた要因のために恒常的・慣行的に行われている不正行為のことです。

このうち、「カビ型行為」が表面化すると、不祥事を起こした問題以上に、組織そのものが批判を受け、ときには想定を超える社会批判にさらされ、組織のブランドイメージに致命的な傷を負う可能性があることを指摘しています。

「ムシ型行為」には、ムシ退治に強力な殺虫剤を用いるのと同様、〝厳罰〟という物理的な対応策が抑止力として効果的です。しかし、「カビ型行為」は、カビがカビ取り用洗剤だけでは除去しきれないのと同様に、〝厳罰〟という対応策をとるだけでは撲滅できません。カビが潜在化しやすい環境（組織風土）自体を把握し、対策を講じることが極めて重要です。「カビ」の除去には、「カビ」が発生した根本原因を探り、「カビ」が生えにくい環境を整備することが不可欠です。これを組織にあてはめて考えると、「カビ型行為」に対しては、不祥事の「背景」にある組織風土や「原因」となる日々の言動・習慣を直視したうえで、制度や仕組みを見直し、強化することが必要ということになります（図表2-1）。とくに、過去の経験に固執し、悪しき慣行をも良しとする従業員が発言力を強くもっている組織風土がある場合などには、こうした従業員の意識を変えさせていくことが「カビ」除去のためには不可欠となります。

「カビ型の不正行為」と不正のトライアングル

「カビ型」の不正行為はなぜ起きるのでしょうか。この疑問を解決するためには、米国の犯罪学者ドナルド・R・クレッシー教授が考案した、「不正のトライアングル」という概念が非常に役立ちます。「不正のトライアングル」とは、

図表 2-1 「ムシ型」と「カビ型」

	ムシ型	カビ型
目的	個人の利益	組織の利益
頻度	単発的	継続的・恒常的
対処方法	厳罰の導入 不正を行えない仕組みの整備	原因となっている構造的要因を除去

①「機会」を認識できること
②「動機・プレッシャー」があること
③不正行為を「正当化」できる理由が存在すること

これら三つの要因が重なるとき、従業員による不正行為が生じやすいという理論です。不正行為を防止するには、これら三つの要素を除去する必要があります。①「機会の認識」はルールの整備や内部統制の強化などを行い、不正行為を行えない仕組みをつくることで除去します。

それに対し、②「動機・プレッシャーの存在」や③「正当化理由の存在」は、従業員の〝心に宿るカビ〟が要因であるため、不正行為を行えない仕組みを整えただけでは解決できません。たとえば、厳しい納期や厳格な品質管理が求められているにもかかわらず、部下の業務内容も把握せず、「うまく取り計らうように」などと、都合の悪いことは現場に判断を丸投げする上司のもとでは、暗黙のプレッシャーという②「動機」（＝心のカビ）が生じます。この場合、マネジメントできない上司が、不正行為の一因であるため、仕組みを整えることで対応するのは難しいのです。

また、③の、「これくらいなら許されてきた」と不正行為を正当化すること（＝心のカビ）も、不祥事に多くみられる要因の一つです。しかし、許容される内容や限度は、社会の価値観や環境の変化によって変わります。その変化に気づけず、世間の価値観との乖離《かいり》が顕在化してしまうと、大きな批判を浴びることになります。この場合、変化に気づけなかったことが、不祥事の遠因と考えられ、これも仕組みを整えることで解決する問題ではありません。

このように、不正のトライアングルの三要素を除去するためには、物理的な仕組みを整えるだけでなく、従業員の〝心に宿るカビ〟と向き合い、従業員の意識を変革させ、組織風土を抜本的に改革することが必要になります。

「カビ型の不正行為」の除去のためには

「カビ型の不正行為」を除去するためには、役員・従業員の意識を変えなければなりません。そのためにも、コンプライアンスリスクに対するリテラシーの高い組織風土を醸成することです。ここでいう組織風土とは、今いる者の日々の言動や習慣の積み重ねによって醸成されます。悪しき風土に根差す人々の意識を変えるためには、これまでの環境を変え、日々の言動・習慣を変えるように促す必要があります。しかし、自負心の強い、現場経験の長い熟練者のこびりついた意識は、形式的・表面的な体制構築や、一方的に知識を押しつけるコンプライアンス研修を行うだけでは変えることはできません。

経営陣やコンプライアンス部門は、従業員の〝心に宿るカビ〟の根本的な問題を認識し、それらをどのように除去するかを考えなければなりません。そのためには、管理職のリーダーシップ力を強化し、従業員一人ひとりのセンシティビティ（感受性、鋭敏性）を磨きつつ、コンプライアンスリスクに対するリテラシーを高めるための環境をつくること、複数の啓発活動を日々の業務の中に落とし込むことが重要です。とくに、コンプライアンス部門は、経営理念・方針と各種啓発活動に一貫性をもたせながら、組織全体の視点からプロデュースして取り組むことが大切です。どのような対策であっても万能薬はありません。従業員の意識をどのように変革させられるかを考え続けることが、コンプライアンスの推進活動なのです。

本書では、従業員の意識変革を促し、コンプライアンスリスクに対するリテラシーの高い組織風土にしていく諸活動を「啓発活動」として定義し、「研修計画」とともに、様々な「啓発活動」をマネジメントしていくことを「プロデュース」と呼びます。

不祥事の要因の分類②〜「組織的違反」と「個人的違反」

「組織的違反」と「個人的違反」

社会心理学者の岡本浩一氏は、「組織風土の属人思考と職業的使命感」（『日本労働研究雑誌』二〇〇七年八月号）などにおいて、不正の動機づけの視点から、不正行為を「組織的違反」と「個人的違反」の二つに分類しています。「個人的違反」とは、個人の私利私欲を満たすために個人が行う不正行為で、「組織的違反」とは、組織の利害のために複数の人間が関与する不正行為を意味します。

「個人的違反」は「命令系統の不備」がある場合に起きやすくなります。この場合に有効な対応策は、手続きやルールの徹底です。一方、「組織的違反」は、手続きやルールの徹底だけでは防げません。「組織的違反」を指摘された組織に共通しているのは、「何が正しいか」ではなく「誰の指示か」が重視される、権威主義に毒された「属人風土」です。

属人風土をもつ組織では、誰の指示かが重要であるがゆえ、組織内の「常識」が社会の「非常識」となっていてもそれに気がつくことができません。そして、組織内の「常識」が社会の「非常識」として顕在化したときに、著しい社会批判を浴びるというのが「組織的違反」の特徴であり、ここでの再発防止策は、組織内の常識を社会の常識に合わせることなのです。

「組織的違反」を主導する人物の特徴

長期間にわたり、多くの関係者が関与している大規模な会計不正であっても、なかなか顕在化しないことがあるのはなぜなのでしょうか。その要因の一つに、組織的違反を誘発する組織風土があります。では、そのような組織的違反を誘発するのはどのような人物なのでしょうか。

ナチス親衛隊のアドルフ・アイヒマンは、ユダヤ人虐殺の首謀者とされ、二〇世紀最悪の犯罪者の一人ともいわれます。しかし、いざ拘束され、法廷で自身の罪を問われると「命令に従っただけだ」と責任逃れに終始したことは有名です。この裁判を傍聴し続けたユダヤ人哲学者、ハンナ・アーレントは、このような状態を「悪の陳腐さ」と呼び、考えることを放棄（思考停止）したとき、平凡な人間でも世紀の犯罪者になりうると報告しました（『エルサレムのアイヒマン新版――悪の陳腐さについての報告』みすず書房）。不祥事を世紀の犯罪と同列には語れませんが、アイヒマンのような「思考停止した人間」――自分をもたず、思考や判断の基準をほかに依存する真面目な組織人で、組織の方針に忠実に従うことで評価を得て、責任あるポジションに就き、行いの是非を問うこともできず、最終判断を下すことから逃げた人物――こそが無自覚な悪をなすのです。

そして、「思考停止した人間」の増殖が組織的違反の温床になるのです。このような人物は日本では〝小役人〟と揶揄《やゆ》されてきました。〝小役人〟とは、自分では何も決められない、小事にとらわれて大事を見失う、融通が利かない、上の者には弱いが下の者にはやたらと権力を振りかざす、まさに、アイヒマンと同様に思考停止した人間といえます。

たしかに、調和を重んじ、いわれたとおりに動く、統率しやすい人物は安定成長期には好まれたかもしれません。しかし、決められた範囲でしか行動ができず、自分の意思で考えることを放棄した人物は、環境変化に気づけないため、社会からの要請や期待を裏切る行動を無自覚に行うのです。環境変化が激しい時代では、「思考停止した人間」はリスクでしかありません。

環境変化に適応した持続的な組織運営には、従業員一人ひとりが思考停止から脱却し、環境変化を鋭敏にとらえ、自分事化し、主体的に課題解決策を考え抜く力をつけなければなりません。上意下達の一方的な指示や、従業員の思考停止を助長する権威主義的な風土こそが不祥事の温床となり、結果として組織力を弱めることになります。管理職が率先して異論にも耳を傾け、多様な意見がいえる環境をつくり、風通しの良い組織風土を醸成することです。言い換えればコンプライアンスリスクに対するリテラシーの高い組織を目指すためには、真のダイバーシティ経営が求められているともいえます。

「日本的」な組織風土と不祥事の関係

不祥事を起こす従業員に共通していること

意外かもしれませんが不祥事を起こす従業員に共通しているのは、比較的「優秀とされる人材」が多いということです。ひと度事件が起きると、「まさか彼（彼女）が」というケースが散見されます。では、なぜ優秀な人材が不祥事を起こすのでしょうか。

優秀な人材に共通するのは、手間のかかる案件や難しい案件の解決にあたったり、高いノルマに応えようとしている、ということです。仕事が属人的になりがちな組織では、優秀な部下ほど、管理職（上司）は担当業務を丸投げする傾向があります。そのため、本来であれば、経過報告を丁寧に聞くべきところを結果報告だけで済ませる、日常的に十分な対話もしない等、管理職の目が届かない状況が生まれます。同時に、優秀な人材が難しい案件などに取り組む姿は、周囲から特別視され、行動がブラックボックス化していきます。そのような状況に管理職が気づかないまま一定期間が過ぎる中で、業者との癒着や、多額の横領事件などが起きるのです。

日本社会の特徴、強みとされてきたことの一つに、「同僚性」という言葉があります。教育現場で使われることの多い言葉で、「同僚が互いに支え合い、成長し、高め合っていく関係」を指します。職場が一体となってお互いに協力して仕事に取り組む関係であるときは良い作用をもたらします。しかし、「同僚性」の悪い側面が出ている環境では、仲間に関心をもたない、余計な口出しをしないといった意識を醸成し、互いに無関心となることで「何かおかしなことをしている」かもしれないことを、長期間にわたり見逃してしまうことがあります。

管理職から部下への難案件の丸投げや、中途半端な同僚性が、不祥事を起こしやすい環境を与えてしまうのです。不祥事の予防・再発防止には、個人のモラルの問題ととらえるのではなく、こうした環境をいかになくしていくか、根本的かつ構造的な原因を取り除けるかが重要です。不祥事を起こす原因は本人にあることは当然ですが、それを許す環境をつくっていた責任は組織にあります。組織にとっては、ときに、不祥事に伴う金銭的損失以上に優秀な人材を失うことの方が大きな損失となるのではないでしょうか。

日本人の特性を踏まえた特効薬～「お天道様は見ている」

日本人は、遵法意識よりも村社会の掟や仲間意識を重んじる傾向があります（詳細は第

3章で述べます）。その一方で、ひと度、組織が社会批判にさらされると、慌てふためき、目先の社会批判の鎮静化ばかりを考え、問題の背景や構造的な原因の解明を行うことをせず、不正を行った個人の問題であると主張して、組織責任を免れようとします。しかし、トカゲのしっぽ切りをしただけでは、不祥事の根本原因は取り除けないので、同じことが繰り返し起きます。

『菊と刀』（光文社）の中で、米国の文化人類学者ルース・ベネディクトは、西欧は宗教的倫理観に基づき、自律的に善悪を判断する「罪の文化」であるのに対し、日本は「恥の文化」であり、内面的な倫理観ではなく他人の目を判断基準とする、といった趣旨の指摘をしています。

人から見られていなければ、悪事を働くことへの抵抗感が薄いという日本人論です。一部、表現としては誤解もあるように感じますが、本質的には日本人の特徴をとらえた指摘だと思います。この指摘を前提に、不祥事を効果的に予防するためには、日常的に、周りの人から見られる透明性の高い環境をつくることです。日本人は、周り（視野の狭い仲間）を意識する傾向が強いことを考えると、「お天道様は見ている」体制を構築することこそが、丁度良い緊張感のある健全な関係を生み出すものと考えます。「お天道様」は、神や仏、自分自身の良心を指すともいえますが、仲間を裏切れないという思いが抑止力となるのではないでしょうか。

「お天道様が見ている」ガバナンスの構築〜異論と対話の組織風土づくり

不祥事は、起こした本人に責任があることはいうまでもありません。しかし、人間は聖人君子のような人ばかりとは限りません。ちょっとした出来心がきっかけとなる場合もあります。そうした人間本来のあり様も踏まえて考えたうえで、不祥事を予防し、再発防止を徹底することがガバナンスです。そのためにも、「お天道様が見ている」、「見られているだろうと感じる」環境を整備することが、不祥事の未然防止にとって最も効果的なのです。また、こうした環境を整備することは、経営陣やコンプライアンス部門、管理職の責任でもあり、不祥事の予防のみならず、不祥事に巻き込まないように従業員を守ることにもなります。

このことは、経営も同じです。社会の目を意識できる経営環境として、社外役員が果たす役割は重要になります。たとえば、上場企業における取締役の報酬を決める「指名報酬委員会等」の設置は、経営者に緊張感や透明性をもたせるという意味で一定の効果と意義があります。意思決定プロセスの透明性を高めることが、ガバナンスを強化する基本的なことなのです。

なお、効果的な「お天道様が見ている」環境を整備するためには、異論を唱えることや対話をすることができる組織風土の醸成が前提です。そのように考えると経営者の自己規律に最も効果的なのは、「番頭」（商家の使用人のうち一店の万事をとりしきる頭）の存在です。いいかえれば、持続的な経営を行うためには、アイヒマンのようなイエスマンよりも、時にはあえて異論を唱えることのできる部下の存在こそが、組織の長にとって最良の「お天道様」ではないでしょうか。「番頭」にいわれるかもしれないと思わせる環境をつくることで、経営者の自制心を働かせることにもつながります。

異論を唱えることがよしとされる（＝対話ができる）組織風土こそが、多様な価値観を取り入れるダイバーシティ経営であり、それらを実践することが、不祥事の予防にもつながります。

COLUMN 日本人の根底にある遵法意識とは

近年の上場企業（電機メーカー）による大規模な不正会計事件は、長期間にわたり関係者が大勢いたにもかかわらず、長年発覚しませんでした。粉飾決算は許されないことですが、経理財務の関係者には「決算数値はつくるもの」という意識が根底にあったのではないでしょうか。「自分たちは決算をつくっているのであって、粉飾ではない」とでもいわんばかりの雰囲気すらありました。

日本社会には、当事者間、あるいは業界全体に横たわる暗黙の了解（＝村社会の掟）が多くあります。村社会の掟に問題があると指摘をしたら業界から村八分にされかねない風潮さえあります。しかし、社会の価値観が大きく変化した今、このような「村社会」だけで通用する掟ばかりを重視していると、社会から糾弾されかねません。そうならないためには、時代の変化に向き合っていく必要がありますが、アイヒマンのような思考停止した人間には対応ができません。おかしいものをおかしいといえる環境を整備し、発言を促していく仕組みをつくることがコンプライアンス体制の構築です。

第3章 「法令遵守」から「コンプライアンス」へ

「法令遵守」が招く弊害

ルールだけでは解決できない問題にどう対応するか

社会のすべての事象が単純に白黒に分けられるのであれば、すべての事象を文書化して、ルールを定め、それらの遵守を徹底すれば、ほとんどの問題は解決できるはずです。しかし、現実的には、すべての事象を文書化することは物理的に困難であることに加え、具体的な課題の多くは単純に白黒が判別できない事象（例：ハラスメント）ばかりです。また、仮にすべてが文書化できたとしても、すべてのルールを覚え、理解し、行動に結びつけることは現実的ではありません。膨大なルールの制定は、むしろ、思考停止を招き、また、人間としての記憶の限界もあり、基本的なルールの遵守さえできなくなるという本末転倒の事態を招きます。そもそも社会の価値観は時代によって変わります。新しい価値観をルールに反映させるまでにはタイムラグが生じ、ルール自体が社会の変化に合わないことが多くなるのです。このように、環境変化の激しい時代にあっては、法令や規則（以下、「法令等」といいます）などのルール化とその遵守の徹底にこだわること自体が弊害を招きかねません。

マニュアルやガイドラインなどのルールを次々とつくり、遵守することが目的化されてはいないでしょうか。たしかに、組織を統率するためには、ある程度ルールをつくりそれを遵守するということが必要です。しかし一方で、ルールの遵守を徹底しすぎてしまうと、人々の関心を「ルールを守ること」のみに向かわせてしまい、本質を理解する力や物事を考える力といった、これからの時代に求められる力を奪っていきます。実社会では、ルールだけでは解決できない問題にどう対応できるかが問われており、それがまさにコンプライアンスへの取組みに他なりません。

それゆえに、ルールだけでは解決できない問題に対応し、不祥事を予防していくためには、「コンプライアンスリスクに対するリテラシーの高い組織」にしていく必要があります。

そのためには、主に二つのことが必要になります。一つ目は、〝ルールさえ守れば良い〟という「思考停止」と本質を理解しようとしない「無関心」からの脱却です。二つ目は、多様な価値観を吸い上げつつも会社の方針を着実に伝えられる「共感型のリーダーシップ」がとれるリーダーの育成です。組織全体が、コンプライアンスを自分事としてとらえ、能動的に対応策を導き出していくためには、多様な価値観をぶつけ合いながら対話を積み重ねつつ、考え続ける習慣をもつことが必要です。関係者の納得感を得られる議論の落とし所へ導き、従業員に腹落ちした理解を促すことのできる「共感型のリーダーシップ」がとれるリーダーの存在がカギとなるのです。

国によって異なる「コンプライアンス」の意味

法令等を社会からの要請や、共通の価値観の規範化・文書化ととらえると、法令等の運用は各国の歴史や文化・慣習などと直結することになります。したがって、「コンプライアンス」のとらえ方は、各国それぞれ異なります。

たとえば、米国は、多様な宗教や民族、価値観をもつ人々が一つの国に共存しているため、価値観の統一は現実的ではありません。客観的かつ透明性が高い、合理的な手法である「多数決」によってコンセンサスを得た、「皆で決めた法令等」こそが社会の価値観であり、絶対的に守らなければならないルールとなり、統一された意見となっています。したがって、社会の価値観のすべてが法令等でとらえられる米国では、「コンプライアンス」

は「法令等の遵守」となります。問題が起きたときは、価値観ではなく、「皆で決めた法令等」の遵守が判断基準となります。そのため、法制度も柔軟になっており、社会からの要請を柔軟に反映しやすい仕組みとなっている特徴があります。

一方、日本は、人々の価値観が比較的似通っている（だろう）ことを前提に、「法令等」よりむしろ「（地域社会の）モラル」的な考え方を基礎としてきました。契約書を取り交わす前から業務を開始する、当事者間での解決が困難になってから最後の解決手段として司法を用いるなど、法令等は必ずしも社会の中心的な役割を果たしてきませんでした。日本は七世紀後半に、律令制度という法的枠組みを導入しましたが、形式的な制度を整えることに重点が置かれ、村人の慣習や掟までは変えませんでした。律令はあくまでも「お上」がつくった規則であり、村人は律令制度ではなく〝村の掟〟を尊重して生活をしていたといいます。

そうして根づいた文化が、「本音と建前」という言葉に象徴されています。同時に、日本の司法制度は形式重視で硬直的であるため、社会からの要請を法令等に反映するタイムラグが大きいことも特徴です。実態との乖離やタイムラグを埋めるために、自分たちの村（業界や組織）だけに通用する村の掟（ルール）をつくり、実社会に適応させてきました。

しかし、社会からの要請は時代に応じて変化するため、〝村（業界や組織）の掟〟とズレが発生します。このズレが表面化したとき、痛烈な批判に発展していくことが近年の日本の不祥事の特徴です。このような状況に対応していくためには、コンプライアンスを「社会からの要請に適応すること」と理解し、環境変化を踏まえた行動ができるよう、コンプライアンスリスクに対するリテラシーを高めていくことが不可欠です。

ハードローとソフトロー

法令等は、ハードローとソフトローに分けて考えることができます。ハードローとは、法的拘束力があり、最終的に裁判所で履行が義務づけられる社会的規範のことです。一方、ソフトローは自主的に履行される、法的な拘束力がない社会的規範を指します。昨今の世界的な潮流としてソフトローも重視されるようになりました。法的拘束力はなくとも、社会からの要請（＝ソフトロー）に対応できるよう、自主的に取り組むことが求められる時代となってきたのです。

具体的にいえば、消費者問題への対応や国連グローバルコンパクト・ＯＥＣＤガイドラインなどへの宣誓、ＣＳＲ・ＳＤＧｓへの取組みなどを行うことが、ソフトローに対応することにあたります。これらには法的拘束力はありませんが、社会においては守るべきものと期待され、認識されています。

ただ、ここで忘れてはならないのは、社会からの要請は常に変化するということです。ソフトローが重視される時代に期待されていることは、コンプライアンスを、「法令遵守」（＝法令さえ守れば良い）という意味で限定的にとらえるのではなく、「社会からの要請に適応すること」と考え、ソフトローに対しても積極的に取り組んでいくことなのです。

ハードローをただ守るだけではなく、積極的にソフトローに対応していくことは、顧客からの真の信頼を得られるのみならず、ときには、いち早く変化をとらえた対応により同業他社との差別化につながることも生じるのです。

ルールは創造の時代へ

すべての物事を文書化することには限界があり、ルールを遵守しすぎることの弊害は先ほど述べたとおりですが、だからといってルールを守らなくて良いということではありません。ではこれから「ルール」とどう向き合っていけば良いのでしょうか。

「コンプリートガチャ（いわゆるコンプガチャ）」という問題を例に考えてみたいと思います。コンプガチャとは、オンラインゲームの中で、プレーヤーに対して、アイテムなどの報酬を供給する仕組みのことです。どの報酬が供給されるかは、プレーヤー側は選べず、運次第です。コンプガチャは、射幸性の観点からは弊害があるものの、その仕組みの違法性は、各事業者が独自に関連省庁に相談を行い、違法性は認められないとの確認をしていました。しかし、青少年に対し射幸性を煽《あお》るゲームだとの社会批判の高まりにより強制的にサービスを終了せざるを得なくなりました。もし、もう少し早い段階で、関連省庁のみならず消費者団体等のステークホルダーとの対話を通して落とし所を模索していれば、サービスそのものを終了する必要性はなかったかもしれません。

また、お掃除ロボット「ルンバ」の例も有名です。お掃除ロボットは、日本が最初に開発していたのですが、当時ロボットに関する法律がなかったため、開発を中止してしまいました。その後、米国企業の「ルンバ」が爆発的にヒットし、後発となった日本のメーカーはシェア争いで苦戦する結果となりました。

これらに共通することは、法律で明確にならないグレーゾーンに対する対応が適切ではなかったということです。ステークホルダーとの対話を通じ、自ら「ルールを創造」していれば解決策がみつかり、ビジネスチャンスを失わずに済んだのではないでしょうか。すなわち、与えられたルールを守るのみならず、ステークホルダーとの対話を通し、積極的にルールを創造していく必要がある時代になったのです。

〝しなやか〟なコンプライアンスを目指して

語源から読み解く「コンプライアンス」の本質

「コンプライアンス」という言葉は、元来、「comply（コンプライ）」という動詞から派生した名詞です。「comply」の語源は「柔軟性」「調和」「満たす・充足する」を意味し、工学用語では「しなやかさ」とも訳されます。すなわち「コンプライアンス」は本来、「社会からの要請に応じながら、組織目的を実現していくこと（社会的要請への適応）」を意味します。

もともと「comply」は、一六六七年に出版されたジョン・ミルトンの小説『失楽園』において、「すべてを充たしてくれる理想の女性」を表現するために用いられた言葉とされ、男女の精神的関係を表す言葉として使われていました。男女の精神的関係を表すと考えれば、日本語訳である「（法令）遵守」という言葉が馴染まないことはわかると思います。男女の精神的関係で期待されることは互いに押しつけることではなく、相手の気持ちをどう受け入れるかというしなやかな対応（適応）力なのです。

すなわち、「遵守」が〝受動的〟な意味をもつのに対して、言葉本来の意味は〝能動的〟な意味をもっているのです。「コンプライアンス」の本質は、いかに組織が社会に柔軟に対応し調和することができるかを考えることです。本書では、第2章で紹介した郷原氏が『「法令遵守」が日本を滅ぼす』（新潮社）などにおいて指摘するように、コンプライアンスを社会からの要請に応じながら、組織目的を実現していくことと定義し、社会の潮目の変化に能動的に対応していくものとしてとらえます。

潮目を読むコンプライアンス

法令等は、元来、各コミュニティやステークホルダーの要請や価値観・仲間の決めごとを、規範化・文書化したものです。古くはローマ帝国時代から、身近では、マンション管理組合の規約もそうであるように、法令等はステークホルダーの合意形成の結果なのです。そして、皆で決めたものを、各個人に守らせることを「遵守」と呼んでいます。つまり、法令等はステークホルダー（＝「社会」）からの要請の反映であることが前提なのです。

そうだとすると、社会からの要請が、規則等に臨機応変に反映されていなければなりませんが、実社会では、明文化されるまでに相応の時間がかかります。そのタイムラグの間は、社会からの要請と法令等が乖離したものになります。とくに、新型コロナウイルスのように緊急事態が発生してしまった場合は、法令等と社会からの要請の乖離が大きくなる傾向にあります。すなわち、社会からの要請のすべてをタイムリーに法令等に反映させることには物理的な限界があり、変化の激しい時代では乖離はより顕著になるということです。こうした実態があるにもかかわらず、法令等を万能だととらえ、画一的に遵守のみをしようとすることは、ときに、社会からの要請に反した行動につながる可能性すらあるのです。

実社会で法令等を運用するにあたり大切なことは、法令等の基本的な理解を前提としつつも、その背後にある社会からの要請を汲みとること（＝「潮目を読む」こと）です。そして、コンプライアンスにおいても、潮目を読み、法令等の背景にある社会からの要請を踏まえ、いかに、柔軟に、しなやかに適応できるかが求められているのです。

言葉の意味を本質から理解する

外来経営用語を本質から理解できていますか？

内部統制、コンプライアンス、リスクマネジメント、ＣＳＲ等々、翻訳されて、あるいはカタカナのまま、様々な外来の経営用語がビジネスの場で用いられています。しかし、それぞれの「言葉」が誕生した背景や真意の理解がなければ、その言葉が意味する本質が伝わらないばかりか、受け止める側の想いや先入観によっては、誤解が生じます。

「コンプライアンス」の本来の意味が、「法令遵守」という概念とは対極的な考え方にあることは前述したとおりです。しかし「法令遵守」と訳されたことで、徹底して守ること、形式を整えることに注力してしまう。結果、かえって環境変化への適応が難しくなり、組織全体の思考停止を招き、組織風土が悪化するといった事例も散見されます。正確な言葉の理解が、正しい施策につながるのです。

新しい概念や言葉を用いるとき、経営者自身の理解はもとより、従業員の誰もが納得して理解できるよう定義づけるとともに、本来の意味や用いられるようになった背景を正確かつ確実に伝えていくことが、組織への浸透と実効性の確保に不可欠であり、その後の施策の効果を高めるカギを握ります。

「広報」「内部統制」の本来の意味

「Public Relation」は日本語では広報と訳され、〝(自分のことを) 広く報じる〟と解釈した行動が見受けられます。言葉の本来の意味は、「Public＝一般・公共」との「Relation＝双方向の関係をもつこと」であり、あらゆるステークホルダーとの対話の窓口を指します。広報に期待されるのは、社会と対話する窓口としての役割なのです。ブランド力のある企業であっても、些細な不祥事で糾弾されてしまうのは、自社をアピールすることは得意でも、社会との対話ができていなかった証拠です。

「内部統制」は、「Internal Control」と翻訳されますが、本来は「内部管理体制のあり方」を意味します。内部統制が法制化される契機となった事件は、米国ではエネルギー会社エンロン・大手通信会社ワールドコム、日本ではライブドアやカネボウ等の大型の不正会計事件です。これらの不正会計事件はいずれも経営者の暴走であり、従業員による不正行為を端にした事件ではありません。内部統制の法制化は、経営者の暴走をいかに食い止められるかという点から、「経営者に対しての規律づけ」を目的として立法化されたものです。

ところが、「統制」と訳したがために、言葉本来の意味が忘れ去られてしまい、経営者を統制するのではなく、経営者が現場を（マニュアルで）縛りつけるかのような対応をしている企業も少なくなくありません。内部統制は、本来の言葉の意味を考えると、「経営者自身の規律を高めるための内部管理の仕組み（透明性の確保）」ととらえるべきものであり、ゆえに、経営者自身に課せられた経営課題なのです。

「法令等遵守」「コンプライアンス」「リスクマネジメント」「ＣＳＲ」の違い

法令等遵守、コンプライアンス、リスクマネジメント、ＣＳＲ、これらの経営用語を整理してみましょう。

「法令等」は、社会からの期待や要請を規範化・文書化したものです。それを組織に属する個人に守らせる行為を①「遵守」と呼びます。

しかし、環境変化や司法制度の硬直性等により、しばしば法令等と社会からの要請や期待が乖離することがあります。そこで、ただ法令等を守るだけではなく、立法の趣旨やその背後にある社会からの要請をとらえようと②「コンプライアンス」がはじまりました。どの法令等も重要であり、守らなければなりませんが、実社会では、優先順位をつけた取組みが必要になります。②「コンプライアンス」は、法令等の中でも、とくに社会的要請の観点からみて、〝対応の緊急性〟の高いテーマを中心に取り上げます。

一方、事業の性質や社会的要請の観点から〝対応の緊急性〟が必ずしも高くないが重要とされるものは、一般的に、③「リスクマネジメント」として扱われます。たとえば防災対策は、重要な課題として認識し対応策を検討することは必要ですが、いますぐに対応をしなければならないものではないため、③「リスクマネジメント」として整理します。

さらに、中長期の観点から、環境変化を率先してとらえ、ソフトローへの対応を図ろうとするものが、④「ＣＳＲやＳＤＧｓへの取組み」です。グローバルな視点で、経済だけではなく環境などの幅広い分野において求められる社会からの要請に対して、積極的に応じていく活動を指します。

①法令等遵守、②コンプライアンス、③リスクマネジメント、④ＣＳＲ等に共通するのは、社会的要請を取り込むという点です。他方、それぞれの言葉の違いは、社会的要請などの環境変化（＝広義のリスク）の可能性や、顕在化するまでにかかる時間の違いにより定義づけが異なっていることにすぎないととらえることができます。

このように考えると、不祥事を予防するために経営に求められることは、社会的要請を適時的確にとらえ、能動的に対応していくことで、組織全体が社会に適応していけるよう導くことです。具体的には、組織全体の視点でリスクをとらえる一方で、個々の対応策については、社会的要請が顕在化するタイミング（直近の課題なのか、先々起こりうることなのか）を整理します。タイミングの違いの整理ができたらどのような場合に、どの部署が、どのように動くべきか、各部署の役割を明確にし、環境が変わっても漏れがないようリスクに対応していける環境をつくることです。

COLUMN

独占禁止法を巡る環境変化

「独占禁止法」は、戦後の高度経済成長期の下では、あまり重要視されてこなかった法律の一つです。高度経済成長期では、国土強靭化のもと、毎年の公共工事予算が大きく増額していく中で、競争環境もなく、期待されたことは予算をどのように配分するのかという点でした。法の運用の側面では同法の趣旨が形骸化した運用となっていたことは否定できません。ところが、低成長時代に突入すると、環境が大きく変化し、国の財政のひっ迫とともに、公共工事予算は減額され、限られた予算の資源配分の取合いが起きるようになりました。その結果、公共工事予算を巡る競争環境が強まったのです。独占禁止法の立法趣旨に立ち返った経済環境に変化し、同法の適用・運用が強化され、談合問題などの問題が一気に社会問題化したのです。事業活動の背景にある経済社会の変容により、法令等の運用も大きく変わり、厳格化しました。環境が変化する中では、法令等を形式的・画一的に守らせることよりも、環境変化の潮目を読む力をつけ、時代に合わせて適時適切な対応を促すことが、不祥事予防につながるのではないでしょうか。

第4章 コンプライアンスリスクに対するリテラシーの高い組織をつくるには

コンプライアンスは経営と一体となって取り組む

経営トップがコンプライアンス経営に取り組むと明確に示す

コンプライアンスリスクに対するリテラシーを高めるには、経営トップや幹部社員が「コンプライアンスは、経営課題だ」という認識をもつことが重要ですが、そうした認識をもたない人が多いのも実情です。こうした経営トップや幹部社員には、次のとおり、共通して三つの傾向があるので、自組織がこうした傾向をもっていないか確認してみてください。

①「自分原因論」を避ける傾向――自社は大丈夫だという根拠のない思い込み
②「自負と慢心」をしている傾向――研修を繰り返しているし、コンプライアンスには

しっかり取り組んでいるという思い込み

③「誤解」をしている傾向――研修・教育をすれば、現場は理解するはずという思い込み

コンプライアンスの必要性が唱えられるようになって二〇年経過した今でも、不祥事に関する報道を目にするのは、①のように、「自社は大丈夫だ」と思い込んでいる組織が多いからではないでしょうか。こうした事態に陥らないためには、日ごろから他社の不祥事を自社に照らして考え、その背景や原因を探るなど自分事化をして、学び続ける姿勢をもち、本質をとらえた再発防止策・予防策を検討することです。ただし、再発防止策・予防策が、現場のモチベーションを削がないように注意しなければなりません。

また、②のように「自社はコンプライアンスに取り組んでいるから大丈夫」と慢心してしまうのも危険です。コンプライアンスを強調しすぎると、組織風土の悪化――自由な発想の阻害や、本音を言いづらい環境――を招き、さらなる不祥事を誘発する可能性があるからです。コンプライアンスに取り組むとは、「オープン」と「正直・素直さ」を実現できる組織風土の醸成を目的として、どうしたら全従業員がそのような「意識」を醸成できるかを探求し続けることです。

そして、③のように「研修・教育をすれば現場は理解する」と思い込まないよう注意す

る必要もあります。コンプライアンスの実効性を担保するためには、経営トップから現場の従業員まで、全従業員が取組みに対して腹落ちしていることが必要です。それはただ単に研修をやっただけでは実現できません。まずは、現場の実態を正確に理解したうえで、意識変革を促すために継続的な取組みを模索し続けることです。

経営理念を徹底する

危機に直面したときほど、経営理念が浸透している組織は強いです。経営理念は、判断に迷いが出たときに立ち返る軸だからです。

しかし、経営理念の浸透は容易ではありません。組織全体に浸透させるためには、日ごろから経営トップはもとより、管理職が自分の言葉で部下に伝え続けるしかありません。そのため、経営理念の浸透には、「言葉の力」――経営理念に対する納得感を醸成する論理一貫した「言葉」であり、情熱をもって伝える「言葉」――が重要になります。たとえば、経営方針や施策を伝えるとき、経営理念と関連づけた説明ができているでしょうか。それをかみ砕いて自分の言葉でパッションをもって繰り返し説明できているでしょうか。

なぜその施策を行うのか、考え方が一貫してぶれなければ、従業員は安心して組織についていくことができます。

このことは、コンプライアンス推進にも通じます。たとえば、交通費などの会社経費の流用などは、小手先の管理体制を強化しても根本原因と向き合わなければ解決しません。現場にまで経営理念が浸透している組織では、仲間を裏切るようなことはできないという帰属意識と団結力が生まれ、自然と自制心が働き、コンプライアンス違反が起きにくくなります。経営理念を共有し、共通の価値観のもと同じ目標に向け一丸となって取り組むことで、組織を活性化させ、従業員が環境変化を自分事としてとらえていくようになり、結果、コンプライアンス違反も減るのです。

物語を語る

歴史学者のユヴァル・ノア・ハラリ氏は著書『サピエンス全史』（河出書房新社）で、ホモ・サピエンスは「想像上の秩序（物語、後に虚構とも指摘）」を操る能力を得たことで、組織化することができ、生き残ることができたと指摘しています。人は物語を創作する力をもち、その中で一定の役割を担うことで生の意味を見い出すのが人間の能力であり本能との指摘です。ハラリ氏の考えを前提とすれば、企業の社是や経営理念を組織の中核となる物語と位置づけ、それらを浸透させる仕組みを組織化させることが経営基盤となるのではないでしょうか。

もっとも「物語」を語ることは難しくありませんが、関係者に納得してもらうのは簡単ではありません。そのためにも常に「物語」を、時代の価値観に合わせつつ、未来の姿を示しながら人々の共感を引き出し、経営者の考え方をわかりやすく明示することです。最近ではミッションやビジョン、バリュー、パーパス経営などと表現されますが、「物語」を形作るものであれば百社百様で構いません。

「物語」を組織の中心に据え、求心力をもたせることに王道はありません。膨大な時間と手間暇をかけて語り継ぐ仕組みを制度にできるかが組織化のカギを握ります。また、社員一人ひとりが、物語を理解し自分の言葉で語れるようになってはじめて浸透したといえるのではないでしょうか。物語は、時代に合わせて内容、伝え方を変えていくことが不可欠ですが、物語を浸透させる必要性は時代やグローバル展開に関係なく大切です。

コンプライアンスの実効性を高めるためには帰属意識と団結力を、強固にし、組織に求心力をもたせ、モチベーションを高め、自発的な取組みとすることです。その際、重要なのがこの「物語」です。経営理念や行動基準もしくはそれらに準ずるものを指します。いかに「物語」を創造し、組織に浸透させられるかがカギです。

行動規範を策定する

環境変化の激しい時代においては、しばしば法令等と社会からの要請に乖離が起きることは、これまでも指摘したとおりです。

そのようなとき、最終的に守らねばならないものは、細かなルールや規則でも、業界の慣習でもなく、社会からの要請です。組織として社会からの要請を守っていくためには、社会からの要請を言語で具体的化し、組織の基本方針を明文化した行動規範を作成し示すことです。行動規範とはすなわち、組織の一員として共通にもつべき価値観について、その組織に向けられた社会からの要請等を踏まえ、その組織が最も大切にし、率先して守るべき基本的な方針を具体的に文書化したものといえます。

多くの組織では、行動規範を作成しているものの、常識的・形式的なことが書かれている程度の認識しかもてず、必ずしも従業員の行動の拠り所にはなっていないケースが散見されます。

では、行動規範をいかに浸透させるか。それは行動規範策定にあたって、「従業員」のコンセンサスを得るとともに、経営理念と一貫性をもたせた物語化を図ることです。日本人の法意識を前提に考えると、管理部門が作成し一方的に展開するのではなく、行動規範を作成するプロセスに従業員を巻き込むことで、皆で一緒に作成した規範だという意識をもたせ、自分事化を促すことが有効です。また、内容も、物語化することで、単なる「べからず集」とならないようにします。そうすることで、形式的ではない、実践的な規範をつくることができるのです。なお、実効性のある具体的な行動規範の作成方法は、第8章で説明します。

ビジョンを共有し人を動かす

高度経済成長期、人々はより高機能の商品を求めました。新しい機能、高性能、スピード化こそが付加価値とされてきました。しかし経済が成熟した現代、必ずしも高機能なものが求められているわけではありません。消費者のニーズが多様化し、自分に合った使い方・機能が求められています。

そもそも、付加価値とは何なのでしょうか。現代では、単に高機能な製品を提供するだけでは差別化しにくくなっており、作り手の思いを伝えることの方が付加価値になっているように思います。たとえば、日本製品にかつての勢いがなくなったようにみえるのは、機能性の追求にこだわりすぎ、作り手の想いがみえにくくなったからではないでしょうか。それに比べ、アップルは、製品の機能ではなく、故スティーブ・ジョブズ氏の強烈な製品に対する想いに共感するユーザーによって企業価値が支えられているように思えます。

デジタル化の時代では、圧倒的なオンリーワンの機能がなければ、瞬く間に価格競争に陥ります。このことは、農業やサービス業などすべての産業についても同じことがいえます。リンゴはどの産地のものも美味しく、日本全国どこでも購入することができるため価格競争になりやすいのですが、青森県の木村秋則さんがつくる「奇跡のリンゴ」は希少価値が高いと全国的に有名になり入手困難です。リンゴ生産に対する作り手の想いや信念への共感が付加価値を高め人々に動機づけをしているといえます。

人々を魅了するには、商品そのものの性能やサービスだけでなく、そこにかける〝想い（ビジョン）〟や価値の共有が大切です。高い技術によって、何を実現し、どのような環境を生み出すのか。具体的な〝想い〟を物語化をし、ステークホルダーと共有できたとき、製品の機能に付加価値が生まれ、その商品やサービスが選ばれるのです。

ある調査によれば、購買者の四分の三は、商品の機能ではなく口コミの評価で意思決定するそうです。人々を魅了するためには、機能やスペックだけでも、抽象的なスローガンでもなく、目指すビジョンを具体的に言語として物語化したものを伝え、共感を得ることが不可欠なのです。成熟した社会では、「ビジョン」や「コンセプト」こそが付加価値であり、差別化を生む源泉になるのです。プロダクトメイク（自ら市場を創造する）の時代に求められることは、何かをつくるという物理的なゴールを目指すことではありません。どのような社会を作り上げたいのか、ビジョンを描き、それを言語により物語化したものに共感したステークホルダーを巻き込み、取り組むプロセス（過程）が大切で、ビジョンの明示と、取組みのプロセスこそが付加価値になるのです。コンプライアンスの取組みにおいても、ビジョンの明示、物語として言語化された価値観の共有こそが、ベースになるのです。これらを開示し、企業価値につなげるのが統合報告書です。

コンプライアンスリスクに対するリテラシーを向上させる「五つの力」を身につける

組織のコンプライアンスリスクに対するリテラシーを高め、不祥事を予防するためには、これから述べる「五つの力」をつけることが重要です。コンプライアンス教育や研修の中で、これらの力を向上させられるプログラムをつくれるかがポイントとなります。

なお、これらの力は経営陣やコンプライアンス部門はもちろんのこと、コンプライアンスリスクに対するリテラシーの高い組織風土をつくるためにも、広くリーダー全般に強く求められるものです。

①潮目を読む力〜変化を感じ取るセンシティビティ

社会の価値観の変化によって、これまで暗黙の了解で行ってきたことが表面化・顕在化したとき、突如、不祥事として批判を浴びるケースが散見されます。法令等に違反する行為ではあるものの、長年「暗黙の了解」とされてきたことを、突然、法令違反だといわれても腹落ち（納得）しないのは人間の常だと思います。この「暗黙の了解」には、

①これまで見て見ぬふりをしてきたもの（例：セクハラ等）
②（経営サイドの視点では）考えられないことの表面化（例：品質データの改ざん等）
③矛盾していた事象の表面化（例：立法当時の考え方が色濃く残る労働法制による実務の実態と乖離した規制、技術革新を織り込めていない安全規制等）

などがあります。これまでなら大きな問題とはならなかった事象が、ひとたび表に出ると、社会の価値観の変化により、クローズアップされ、社会問題にまで発展するのです。とくに、インターネットの普及により、経営の透明性が高まり、これまでと同じやり方では通用しなくなってきました。このような批判に巻き込まれず、従業員を守るためには、〝社会の潮目〟を読む力をつけ、自分事化し、適時適切な対応を可能にさせることです。

「潮目を読む力」とは、「環境変化を認識して、自分事としてとらえて、考え、行動できる力」を指します。これからの時代は、与えられたルールなどを守るという受動的な対応から、自ら環境の変化をとらえ、解決策を模索し行動に移すという能動的な対応をしていく必要があります。そのためには、ルールを守ることを徹底する前に、従業員の環境変化へのセンシティビティを高め、自分事化して取り込む習慣をつけさせることです。

とはいえ、現場の従業員は、日常的な課題解決への対応に精一杯で、世の中の流れを読む余裕もないのが実情です。そのため、まずは、リーダーが率先して自組織の置かれている環境変化を理解し、現場に伝達していくことで、意識変革を促すのが良いでしょう。

②プロデュース力～「伝える」から「伝わる」へ

コンプライアンスの必要性を説いても、現場の反応が今一つなのはなぜなのでしょうか。これは、これまでのコンプライアンスの取組みが、考え方を「伝える」ことに力点を置いてきたからでないでしょうか。「伝える」ことと、「伝わる」ことは似て非なるものです。「伝わる」とは、「相手が理解し、腹落ちした状態」を指します。

テクノロジーの発展により、多くの相手に、膨大な量の情報を、速く、繰り返し伝達できるようになりました。しかし、本当の意味で受け手に「伝わっている」とは限りません。正しく「伝わる」ためには、限られた経営資源や環境の中で様々な「啓発活動」を考え、全体を先導する「プロデュース力」が求められるのです。経営者やコンプライアンス部門は、組織全体に「伝わる」ように、各リーダーは自部門に「伝わる」ように、それぞれの立場でプロデュースすることで、コンプライアンスの実効性が高まります。

「伝わる」状況をプロデュースするために、効果的な施策の一つが、「悩みの商品化」です。一般的に、人は、成功している人を見ると羨み、嫉妬しますが、悩んでいる人をみかけると、助けてあげたくなる傾向があります。この心理を利用すると、課題はむしろ関係者を巻き込むチャンスといえます。つまり、課題の解決策を一方的に示すのではなく、こんな課題を抱えているという「悩み」を共有し、一緒に解決策を考えていくプロセスに巻き込む（＝商品化する）のです。解決策を考えるプロセスを経験する中で、組織の課題が自分事化されていき、自然と「伝わる」状態をプロデュースすることができます。

「悩みの商品化」への取組みは、研修を行う以上に効果的な取組みとなります。自組織のコンプライアンスに関する課題（＝悩み）を共有し、共に解決策を考えていくプロセスに巻き込む（＝商品化する）ことで、解決策ができるころにはコンプライアンス問題を自分事化して理解できるようになります。すなわち、課題解決のプロセスを「啓発活動」としてとらえた施策をプロデュースすることです。

③モチベーションを向上させるリーダーシップ力

時として、現場から「また、コンプライアンス？」というため息が聞こえてくるのはなぜなのでしょうか。これは、何のために、何を目指してコンプライアンスに取り組んでいるのか、具体的に言語化して明示できていないことが原因です。

コンプライアンスリスクに対するリテラシーの高い組織へと変えていくためには、リーダー自身がコンプライアンスに取り組んだ結果、「何を目指し、どのような組織にしたら良いのか」という趣旨や目的を理解したうえで、目指す姿（＝ビジョン、価値観）を物語として言語化して具体的なイメージを共有し、従業員のモチベーションを向上させられる「リーダーシップ力」が重要です。ルールばかりを伝えても、目的や趣旨が不明確なままでは、腹落ちできず、自分事化がしにくいからです。

コンプライアンスに取り組む目的の共有という当たり前のことが十分に議論されていなかったり、言語化されていないことがあります。また、リーダー自身が腹落ちしておらず「言われたからやっている」という受け身の姿勢なこともあります。このような場合、コンプライアンスが組織に浸透しないだけではなく、組織全体に悪影響をもたらします。

子どもの教育を例に考えてみましょう。子どもに「勉強しなさい」といっても、子どもは親の思いどおりには動きません。しかし、「将来は〇〇になりたい」など、子ども自身が納得する明確な目標ができれば、親にいわれなくても子どもは目標に向かって走り出します。

これと同様に、従業員一人ひとりがコンプライアンスを自分事としてとらえ、自発的に行動していくようにするためには、目指す姿を共有し、自分事化を通してモチベーションを高めることが重要です。管理職には従業員や部下のモチベーションを向上させるための「リーダーシップ力」が不可欠なのです。

④ファシリテーション力～「対話」を実現するために

「会話」と「対話」は、似て非なるものです。「会話」は「会って話すこと」を指すのに対し、「対話」とは、「多様な価値観や違う視点から意見を出し合いながら、共通の目標（ビジョン）に向かって話すこと」を指します。

現代は「正解のない問い」にあふれていますが、テクノロジーが進展し、課題解決の手段や手法が高度化・効率化すると、人々はわかりやすい「正解」を求めるようになりました。しかし、深い考察もなく正解だけを求めることは、人々の思考を停止させます。また、もともと日本社会には、和を重んじ、異論を排し、議論を避け、事の是非を問うより上からの指示や周りの雰囲気に従うことに重きを置く傾向があるため、思考停止を助長させる風土があります。

さらに、昨今のコンプライアンス強化の流れは、社会全体を、単純化したルールの遵守に終始するマニュアル社会へと変えつつあります。マニュアル社会では、問題について自ら「考える」ことよりも正解を「覚える」ことに重点が置かれているため、思考停止を加速させていることは否めません。思考が停止すると、いよいよ「正解のない問い」に対応することは困難になります。

「正解のない問い」に対応するためには、まず「対話」が必要になります。「対話」を重ねると、背景となる環境変化の認識の共有、課題に対する共通の理解が関係者間で深まり、各自、自分事化が促されることで行動にもつながり、健全な組織風土が育まれていくのです。そして、ときには、新しい考え方が創造される機会にもなります。

そして、この「対話」を推進するために必要な力が「ファシリテーション力」（＝対話を通して落とし所を模索する力）であり、「対話」ができる環境を醸成するためには、「ファシリテーション力」のあるリーダーの存在が不可欠です。

大事なことは、相手を説き伏せる一方的な説得ではなく、異なる価値観を受け入れながら、お互いが腹落ちでき、真の問題解決に導く「話の着地点」をみつけることなのです。「正解のない問い」にあふれているコンプライアンスこそ、「対話」をファシリテーションすることが求められており、リーダーのファシリテーション力を育成する施策も、コンプライアンスの実効性を高めるためには重要です。

なお、「対話」の第一歩は、ルールの趣旨や立法の背景への理解を踏まえて、話す相手を知ることとです。様々なステークホルダーとの対話の中で、必ずしも明確な法令等がない事象に直面することもあります。とくに、外部のステークホルダーはそれぞれ異なる価値観をもっていることが多く、共通の解決策を見出すことは簡単ではありません。

そのようなときにこそ、「ファシリテーション力」をもったリーダーが、ステークホルダーとの「対話」を通して落とし所を模索しつつ、ガイドラインやルールを一緒につくりながら解決していく必要があります。

このことは外部との関係だけでなく、組織内部でも同じです。「ファシリテーション力」をもったリーダーが「対話」を先導することで、組織全体のコンプライアンスリスクに対するリテラシーを向上させていくことができます。

なお、「交渉学」という学問が日本でも注目されています。米国MBAスクールでは主要科目の一つですが、日本の大学でも取り入れられはじめています。「交渉学」は、自分の主張を通すために、経験や駆け引きによって相手を一方的に説得するための手段を学ぶ学問ではありません。「事前準備」と「論理的思考」に加え、「信頼関係の構築」を前提としており、win-winの落とし所を探ることを「交渉力」と定義し、リーダーに求められるスキルととらえていることが特徴です。「ファシリテーション力」を磨くために、交渉学を管理職研修などに織り込むことも非常に有用です。

⑤質問力～不祥事の本質的な要因を見抜くために

不祥事の再発防止策の中には、特定の事象だけをとらえた〝小手先〟の対応策にみえるものも少なくありません。不祥事が発生した背景や事情を十分に考慮し、根本的な原因分析を踏まえた再発防止策にするためにも、なぜ、そのような事象が発生しているのかを徹底的に考え抜くことです。表面だけをとらえ、原因の深堀が不十分なまま〝小手先〟の対応策をとると、効果がないだけでなく、むしろ、事態を悪化させることもあります。現場の事情を考慮しない一方的な対応策や、目的のはっきりしない抽象的な対策は、負担が増えるだけで効果はほぼなく、百害あって一利ありません。

現代は、日々、膨大な情報が流れていくため、一つひとつの物事を深く思考する時間がないことは事実です。しかし、そのような状況だからこそ、不祥事予防・再発防止のためにも、一つの事象の原因を徹底的に探求する時間を意図的につくり、物事の本質を理解する力を高める環境を整える必要があります。

本質を理解するためには、５Ｗ１Ｈ――何が（What）、なぜ（Why）問題なのかを深掘りしながら、誰が（Who）、いつまでに（When）、どこで（Where）、どのように（How）――の基本に立ち返りながら、原因を探求するための「質問」を繰り返していくことです。

なかでも、なぜ（Why）を徹底して深掘りします。不祥事などが起きた際に構造的な根本原因が明確になれば、その原因を取り除くための実効的な解決策を立案することが可能になります。たとえば、研修一つをとってみても、問題となっている課題の根本原因が明らかになれば、誰を対象に、何を、どのタイミングで、どのように伝えるべきなのかが明確になり、実効的な研修計画を組み立てられます。

とくに、問題となる事象が生じたときには「なぜ（Why）そのような問題が起きるのか」三回（～四回）深掘りして自問自答してみてください。多くの場合、三回・四回深掘りすると、本質的な原因にたどり着きます。「結論」ありきの議論ではなく、原因を徹底的に探求することがカギです。具体的なアプローチは第8章で解説します。

組織を変える五つの力

コンプライアンスの取組みを実効的なものにするには、社会の潮目を読み、変化を自分事化して行動変容を促す環境を整え、自発的な行動につなげ、組織風土を変えていくことです。そして、「正解なき問題」に対しては、多様な価値観を受け入れながら、落とし所を見出す対話が解決策へ導きます。

そのためには、問題の本質を見抜けるようになることが前提です。具体的には、①「潮目を読む力」をもち、自発的な行動を促す③「リーダーシップ力」のあるリーダーが、④「ファシリテーション力」をもって多様な価値観を受け入れつつ、落とし所を探ることに加え、②「プロデュース力」を発揮して、⑤根本原因を探求するための「質問力」のトレーニングや人材の育成をけん引することです。

こうしたことを、リーダーが自ら率先することで、従業員一人ひとりが思考停止から脱却し、日々の言動や行動の変容を促し、コンプライアンスリスクに対するリテラシーの高い組織へと変わっていくのです。

組織風土を変革する

悪しき組織風土はいかにして育つのか

不祥事を起こした組織に対し、第三者委員会が共通して指摘することは、「組織風土の問題」と「コンプライアンス意識の欠如」の二点です。これだけでは抽象的すぎてわかりにくいのですが、両者は表裏一体の関係にあると考えます。「コンプライアンス意識の欠如」とは、組織が環境変化に適応できていないことの表れであり、コンプライアンス意識がもてない根本的な原因は、個人の問題というよりも、組織風土の問題に起因することが多いのです。そのため、効果的な不祥事予防策・再発防止策を策定するためには、組織風土にまで踏み込んで構造的な根本原因を探求していくことが不可欠になります。

では、そもそも組織風土とは何なのでしょうか。組織に根づくＤＮＡこそが組織風土との意見もあれば、「うちは昔から○○の風土のある組織だから」という人もいますが、組織風土は、こびりついた匂いや雰囲気ではありません。組織風土は、その時々の組織を構成する者の考え方・言動の積み重ねによって醸成されるものです。すなわち、今の組織風土は、あくまでも、今、組織に在籍する者の考え方・言動の積み重ねであり、従業員一人ひとりの意識の積み重ねにすぎないのです。

では、悪しき組織風土が存在するのはなぜでしょうか。過去の悪しき慣習を引きずっている人の割合が大きいときや、悪しき慣習をもつ人の声が大きいとき、はじめは悪しき考え方をもっていなかった人も、悪しき慣習に取り込まれていきます。そうして積み重なった慣習が悪しき組織風土を醸成するのです。すなわち、悪しき組織風土は、過去の悪しき慣習を引きずっている〝人物〟の影響力により形成されているのです。

悪しき組織風土を変革するために①〜ビジョンを共有する〜

悪しき組織風土を変えるには、そのような考え方を引きずる〝人物〟の意識を変えられるかどうかにかかっています。しかし、長年業界にいるベテラン従業員や過去に成功体験のある従業員ほど、自負心ゆえに変化への抵抗意識も強く、研修を行った程度では簡単に従業員の意識を変えることはできません。

そのため、組織風土を変革するには、経営トップが「絶対に組織風土を変える」という強い意志と覚悟をもつことが前提です。組織の環境変化についてこられない者や、経営理念に反する考えをもつ者には、組織から去ってもらうくらいの覚悟も必要かもしれません。

組織風土を変革するには、まず何より「ビジョン」を示す——組織が目標とするゴール（姿）を物語として言語化して見せる（＝ビジュアル化、言語化）——ことが重要になります。言い方を変えると、組織風土を変革するためには、経営者や組織のリーダーに、前に述べたモチベーションを向上させるための「リーダーシップ力」が求められるのです。

経営者や組織のリーダーは、コンプライアンスに取り組んだ結果、どのような姿を目指し、どのような組織に変えていきたいのか、未来の姿を具体的にイメージできるレベルにまで物語として言語化し、部下に明示する必要があります。すべての従業員が、目標とするゴールを納得して理解し、腹落ちできるようにするためです。

小さなことでも良いので、「ビジョン」に根差した、日常業務と直結する具体的な施策を三つくらい実践していきましょう。そうすることで、従業員一人ひとりの意識・行動に変化が生まれ、やがては組織風土の変革につながります。それらを実践するためにも、限られた経営資源や制約、置かれた環境の中で様々な「啓発活動」を考え、全体を先導する「プロデュース力＝マネジメント力」が求められるのです。

ビジョンは、「三方よし」のような抽象的な経営理念でも、「業界№1の売上達成を目指す」といった来年度の経営計画のような具体的な目標でもありませんし、あれをやるべきだ、こうしてほしい、などの一方的な指示や願望を示すことでもありません。三年後、五年後の自分たちの姿を、具体的にイメージできるよう物語として言語化することです。

そのためにも、コンプライアンスの取組みにあたっては、まず、経営陣が組織全体のビジョンを示すことです。次に各部署のリーダーは、組織全体のビジョンを自部門にあてはめ、それぞれ自分の言葉で語れられるようにすることからスタートします。言語化されたビジョンとコンプライアンスの施策について、ビジョンとの一貫したストーリー（施策の一つひとつがビジョンとどう結びつくのか）をつくり、リーダーがいかに自分の言葉で語ることができるかです。どのような時でも常にビジョンに立ち返りながら施策を提示し、指示することで、従業員の意識が変化し、事業環境が変化する中でも納得感をもって業務やコンプライアンスに取り組むことができるようになります。

悪しき組織風土を変革するために②～ダイバーシティ経営を推進する～

悪しき組織風土の一つとして、肩書に物をいわせる権威主義的な考え方が横行していることがあります。こうした組織では、先に述べた組織的違反の温床になりかねません。何が正しいのかではなく、誰が言ったのかが重視されることで、合理的な価値判断がなされず、社会の価値観とずれた行動が繰り返され、コンプライアンス上の問題を抱えやすく、不祥事も起きやすいのが特徴です。

とくに、こうした組織は、ハラスメント問題も多発しやすい傾向にあります。肩書（権威）だけを振りかざす役職者は、基本的に部下から尊敬・信頼を得ていないため、部下を力でねじ伏せようとします。その結果、ハラスメント問題が起きてしまうのです。見方を変えれば、ハラスメント問題の本質は権威主義の横行にあるともいえます。部長や課長といった肩書だけで尊敬される時代は終わったのですが、それに気がつかず悪しき組織風土を引きずった従業員が一定数いる状態があると生じやすくなります。
こうした権威主義の組織風土を変革するために有効なのは、「ダイバーシティ&インクルージョン（以下「D&I」といいます）」です。D&Iとは、多様な人材を活かし、その能力を最大限発揮できるようにしようという考え方です。D&Iの本質は、多様な価値観に基づく意見を受け入れ、対等に議論できる環境をつくることにあります。D&Iの推進では、とくに、インクルージョン（包括・包含）が重要な課題です。D&Iが根づいていけば、「対話」ができるようになり、権威主義的組織風土から健全な組織風土に変革していきます。

悪しき組織風土を変革するために③〜「対話」ができる風通しの良い組織風土へ〜

ある事業所で起こった、有害物質漏出事故の再発防止策を考えるためのグループ討議に同席したことがあります。五〇人に満たない従業員数の、風通しの良い事業所だと聞いていました。事故の直接の原因は工場新設時の構造的な設計ミスで、化学物質が反応しやすい環境になっていたことでしたが、なぜそのようなことが起きたのか、事業所内でグループ討議を行いました。その際、総務・営業系の若手社員が「事故が起きた部分の構造に違和感を覚えていた」旨の発言をすると、「現場を知らない者が勝手なことをいうべきではない」と現場（事業所）の管理職が怒り出しました。これまでの経験や自負心から、他者の意見を受け入れられなくなっていたのです。

風通しの良い組織風土とは、自分の専門分野に対する指摘であっても、自分とは異なる立場の意見も尊重できる風土（＝「対話」のできる風土）を指します。しかし、先ほどの例では、現場の管理職は、同じ組織に所属する仲間からの素朴な疑問に適切に答えられないどころか、「現場を知らない者が勝手なことをいうべきではない」と逆ギレの発言をしており、風通しの悪い、悪しき組織風土が根づいているようでした。

たしかに、現場を知らないとわからないこともあるかもしれません。しかし、専門性の高い人間ほど、他者の意見を受け入れ、わかりやすい言葉で「対話」できなければなりません。風通しの良い組織風土は、「対話」を通してこそ、育つものだからです。

また、「対話」ができないと、事件や事故が起きたときなどに、ステークホルダーに対して透明性のある回答もできません。危機管理に失敗し社会から批判を浴びる組織は、ステークホルダーとの「対話」もできず、問題をきちんと調査することができず、初動での説明を失敗してしまうことが多いのです。

余談ですが、一九四九年のゲーテ誕生二〇〇年祭で、シカゴ大学元総長の故ロバーツ・ハッチンス氏は、「〝対話の文明〟を求めて」と題する講演を行いました。「現代は瑣末な専門家の脅威にさらされ、古典や哲学に親しみ、自主的にものを考える人間がいなくなった」といった趣旨のことを述べ、文明にとっての最大の脅威は、特定分野の専門家があたかもすべてを知っているかのように評論することだと指摘しています。専門主義の進展が人々のコミュニケーションを阻害していることと、人格教育と相互の理解・尊敬に基づく〝対話の文明〟の必要性を訴え、後のアスペン研究所創設（一九五〇年に、学者・芸術家・実業家たちが日常の煩雑さから解放され、ゆっくりと語り合い、思索するための理想的な「場」を提供することを目的として設立）につながりました。

悪しき組織風土を変革するために④～「質問力」を向上させる～

これまで、組織風土を変革するためには「対話」が重要であるということは、繰り返し述べてきました。しかし、いきなり「異なる価値観や考え方をぶつけながら相手と対話せよ」といわれても戸惑うかもしれません。では一体どのように、「対話」をしていけば良いのでしょうか。

「対話」に有効な手段は「質問」です。ただ、単に「質問」といっても、質問をする方にとっても、される方にとっても、簡単なことではありません。特に同質性を重んじる日本人にとっては、相応の準備をして臨まないと、〝良い質問〟は出てこないのです。

従業員に向けた給与改定に関する説明会を想像してみてください。給与は従業員にとって最大の関心事ですから、自分事化しながら真剣に説明を聞き、将来への影響を必死で考え、矢継ぎ早に鋭い質問が出てくるでしょう。では、組織の中期計画の説明会だったらどうでしょう。もちろん、組織の方向性は重要事項ですから、それなりに話は聞くでしょう。しかし、いざ質問を求められると、下を向く人も多いのではないでしょうか。

この違いは、どこから生じるのでしょうか。給与改定は〝自分事〟であり、将来まで含め、必死で〝考える〟から、質問が浮かぶのです。それに対して中期計画は、組織の将来とはいえ、自分事としてはとらえにくく、深く考えることもないので、適切な質問も浮かびません。つまり、いい質問を思いつくためには、参加者がその内容を「自分事ととらえてよく考えているか」「必死で考えているか」によります。

とすれば、「質問力」を高めるためには「自分事としてとらえ、よく考える習慣」を身につけられるよう、考える機会をつくることで高めていくことです。

ただし、「質問力」を磨いてもらうためには、「質問」のしやすい職場環境、組織風土をつくることが前提です。「質問」が出にくい職場の原因の一つに、上位の役職者が質問をしにくい雰囲気を醸し出していることがあげられます。このような組織では、会議の際に質問も出ることはほとんどなく、事務局からの説明と幹部職員のちょっとした発言程度で終わるケースが散見されます。

会議は同じ時間に一堂に集まる貴重な時間です。たくさんの質問が出て、議論や対話が盛り上がらなければ、単なる情報共有の場にしかなりかねません。情報共有だけが目的であれば、わざわざ同じ時間に一堂に集まる必要はありません。会議という貴重な機会を活かすためには、意見を出しやすい環境をつくり、質問の機会を意図的につくって対話を活性化させる必要があります。

たとえば、質問をしやすい会議の環境づくりとして、六〇分の会議を例に具体的にみてみましょう。まず、事務局や担当者からの資料の説明は最低限（一〇分程度）で済ませます。次の二〇分は参加者からの質問に答える形での説明の時間とします。自分事化を促すために、質問者を指名するのも一案です。そして、残りの三〇分で議論、対話をしますが、先の質問を通して参加者の自分事化が進み、多様な意見が出し安くなるのです。

なお、はじめのうち、質問が出てこないときは、議長が指名して質問を引き出します。指名されることがわかれば、質問を考えます。結果として、会議の議題が自分事になり、資料を深堀りして考えるようになるのです。さらに、会議の内容を自分事化した参加者は、自部署に戻っても自分の言葉で会議の内容を語れるようになります。結果、様々な情報が自然と〝伝わる〟ようになり、組織内に効果的に浸透していくようになるのです。なお、議論の前提として、意見の対立にならないように共通の目標を確認すること、会議の目的をあらかじめ明確にしておくことも肝要です。このほか、身近な業務の中でもこまめに「質問」の機会を設けることで、「質問力」は高まります。

こうして「質問力」が高まってくると、「良い質問」が生まれはじめます。ここでいう良い質問とは、「説明の論理的矛盾」をつく質問や、「発言の背景や原因を深掘り」して尋ねる質問のことです。あくまでも、共通の目標に向けた課題解決や論点整理のために、異なる視点からの意見や価値観を投げかける手段の一つとして、質問力を発揮することです。「良い質問」をし合える環境ができると、適度な緊張感が生まれ、それぞれが自分事化して真剣に考えるようになります。

このように、「質問力」は、悪しき組織風土から風通しの良い健全な組織風土に変革するための原動力となるのです。

COLUMN プロダクトメイクの時代へ

高度経済成長期は、生産者が良いと思う製品を開発し、販売する「プロダクトアウト」の視点が重視されて、ヒット商品が生まれ企業は成長してきました。しかし社会が成熟してくると、市場動向を踏まえた製品を開発・販売する「マーケットイン」の視点が重視されるようになりました。

さらに、市場が飽和状態になると、今度は、消費者自身も何を求めているのかわからなくなってきています。競争が激化した今、「プロダクトアウト」でもなく、「マーケットイン」でもない、「プロダクトメイク」の視点——消費者と生産者がビジョンを共有し、ビジョン実現のために何をすべきか一緒に考えていく——が求められるようになってきました。

時代の変化に合わせて長年染みついた考えを変えることは容易なことではありません。また、過去の経験に基づく画一的な解決策が見出せない時代でもあります。こうした状況下で、コンプライアンスの実効性を高めるためには、実際に業務に取り組む現場の従業員の内発的動機づけ(モチベーション)を高めることがカギとなります。そのためには、「ビジョンを共有して、一緒に解決策を模索していく」というプロダクトメイクの視点にたった施策が有効です。この点は、組織内だけでなく、たとえばSDGsの活動など対外的なステークホルダーとの対話においても同様です。すなわち、ビジョンを明示し、具体的な課題と向き合い、一緒に解決策を模索する場をつくり、対話することで、様々なステークホルダーを巻き込み、実効性のある取組みとします。リーダーは、そうした課題解決プラットフォームをプロデュースする力が求められているのです。

第5章 持続的成長に向けて

リベラルアーツ的思考力の鍛錬

明治以降、日本では、西欧諸国に追いつけ追い越せという思想のもと、西欧諸国の価値観を体現できる人材が重用されてきました。しかし経済が成熟し、社会が大きく変化する中、求められる人材像も大きく変化しています。与えられた課題を的確にこなす能力や知識の量では、ＡＩをはじめとするテクノロジーにはかないません。

これからの時代に求められ評価されるのは、環境の変化を感じ取り、自発的に課題に気づき（発見し）、解決策を自ら模索していく能力であり、創造性です。

創造性を身につけるためには、①環境変化を鋭敏に感じるよう意識し、②変化を「自分事」としてとらえるように訓練し、③具体的な行動につなげていく努力をすることであり、それを続ける習慣をつけることが重要です。

一見すると自分に直接関係のないように感じることは無関心だったり、中長期的な事象は他人事にしか思えなかったりなど、なかなか行動には結びつきません。頭ではわかっているが自分事化できない場合も、行動にはつながりません。たとえば、「行動規範」一つをとっても「当たり前のことが書いてある」と、他人事にとらえていては自分事化されません。

まず、何事にも関心をもち、自分事化をして考えてみる習慣をつけることです。そして、自組織を取り巻く環境の変化や他社の出来事はおろか、自組織で起きたことにも無関心となることを避けることです。

言われてすぐにできることではありませんが、コンプライアンス研修などを、従業員や部下に自分事化する習慣を身につけさせるためには、意識的にセンシティビティ（感受性）を高める訓練を繰り返し行うことです。社会問題や時事問題から自社内の出来事まで、個人的に関心をもちそうなテーマ設定をし、関心を引き出すように意識します。また、左脳（言語脳）ではなく、右脳（芸術脳）を刺激するような内容や話し方にすることも効果的となります。

自分事化をさらに進めさせるためには、「リベラルアーツ的思考力」が必要になります。一見自分とは無関係のものを、自分事としてとらえる思考の訓練と習慣を身につける力を鍛錬します。

「リベラルアーツ的思考力」とは、長く読み継がれてきた〝古典〟などとの対話を通して、作者と自分の考えを対比させて考える力のことをいいます。たとえば、哲学者ニーチェの本。仕事とは関係のない難解な哲学書に思えるため敬遠するかもしれません。しかし、一つひとつの文章と向き合い、自分の考えや悩みをあてはめ、作者と対話する姿勢で読むと、新しい考え方や新しい解決策がみつかることがあります。

リベラルアーツ的思考は、決して教養や知識として古典を知ることではありません。難解な文章も自分事ととらえ、作者と自分の考えを比べて、対話しながら読む。そうして自らの考え方を整理し、思考力を磨いていくという一連の思考過程こそがリベラルアーツ的思考です。

リベラルアーツ的思考力を鍛えるためには、古典の利用が効果的ですが、新聞や行動規範、コンプライアンスマニュアルなどを用いることも有効です。要は、難解な文書や抽象的でわかりづらい文章と対話することが重要なのです。また、本に限らず、自分とは異なるタイプの人や情報と積極的に接触し、対話していくことも有効な手段です。

コンプライアンスは、多くの従業員が自発的に興味関心をもっていないのも事実です。しかし、そのような中でも、コンプライアンスに興味関心をもたせ、具体的な行動につなげてもらわなければなりません。そのためには、研修を行う際の基本的な考え方として、「リベラルアーツ的思考力を鍛錬し、様々な環境変化を自分事化して、行動に結びつける訓練をする」目的でプログラムをつくることです。具体的には第8章で触れます。

真ん中的視点をもつことの重要性

コンプライアンスにおいては簡単に白黒判別できない問題や唯一の解決策のない課題に直面します。そのような問題の解決にあたっては「真ん中的視点」でとらえる習慣をもつことが効果的です。「真ん中的視点」とは、右でもなく、左でもなく、両極端の考えを踏まえたうえで、新しい視点を見出すことをいいます。

電車の中で、一席だけ空席ができた時、目の前に立っていた母親と子どもは、どちらが座るべきでしょうか。以前開催したセミナーでアンケートをとったことがあります。その結果は、母親が座る、子どもに座らせる、それぞれの回答がほぼ同数でした。加えて、母が膝に子を抱いて座る、二人とも立っているという意見もありました。

この質問一つをとってみても、立場・状況によって答えは異なり、様々な価値観があることがわかります。このような価値観が異なる問題の解決策は、「対話」により落としどころを見出すことです。背景や考え方の異なる参加者から意見を引き出し、対話しながら議論の着地点を模索し解決策を探ります。

戦後の教育は、深く考えることより、早く正解を出すことを求めてきました。そうした中デジタル化が進展し、あらゆる情報へのアクセスが容易になり、すぐに答えを検索して探せる時代になりました。また、コンプライアンス＝法令遵守ととらえられ「法令さえ守っていれば良い」といった考えが広まりつつあることもあり、人々はより思考停止に陥りやすくなっています。

物事を単純化し、白か黒かに分けることは一見正しくわかりやすくみえます。しかし深い考察なしに結果だけを求めることは、思考停止を招きます。現実は、価値観が多様化・複雑化し、単純な答えや唯一の解決策がみつからない「正解のない問い」であふれていま す。根本原因を探ることなく表面的で安易な解決策をあてはめたのでは、かえって問題を深刻化させます。右か左か、白か黒かという単純な答えを求めるのではなく、「真ん中的視点」が新しい解決策やイノベーションを見い出すきっかけになります。「家庭でもなく仕事場でもない空間」という新しい価値観を提案して他のコーヒー店と差別化したことが、スターバックスの成功要因の一つだというのは有名な話です。

共通のゴールに向けて、異なる価値観の相手との間に新しい解決策を生み出すことは、着地点（真ん中的視点・落とし所）を探ることに他なりません。「真ん中的視点」を模索する思考力を養う手段は「対話」です。

繰り返しとなりますが、「対話」は、相手を説得し丸め込むことでも、価値観を押しつけることでもありません。win-win の解決策を探りながら、相手との継続的な信頼関係の構築を目指すことでもあるのです。

難題に直面したら、対話を通し、ポジティブフレーミング（現状を解決に向けて前進させること）で代替案や解決策を模索し、様々な可能性を引き出すことです。ときには想定外の質問や考え方、逆説的な意見、反対意見をあえて取り上げ、多様な価値観をぶつけ合う環境をプロデュースすることで、風通しの良い組織風土を醸成するとともに、新しい解決策を見出すことができるかもしれません。

環境変化が激しく価値観が多様化している時代だからこそ、思考と対話という、人間がもつ固有の能力を高めていくことが重要です。

対話を通して、真ん中的視点から解決策を模索することは、いいかえれば互いに教え学ぶことでもあります。

全く新しい視点からの解決策は、イノベーションともいえるのではないでしょうか。こうしたリベラルアーツによって鍛えられる思考力こそが、デジタル化時代に人間に求められる能力です。様々なリーダー教育プログラムでも、古典との対話を通し思考力を磨くことが重視されています。コンプライアンスの教育でも、こうした視点を組み入れていくことです。

「常若」の精神を保つ人材育成の必要性

時代の変化に適応できる人材育成はどのようにすべきでしょうか。ＡＩ（人工知能）やＲＰＡ（Robotic Process Automation）などの導入により、業務の多くが機械に置き換えられてきています。人間が果たす役割が変わるのです。定型化の難しい複雑な業務や、データ不足のためＡＩの導入コストが高い業務は、人間でなければできません。過去の事例や知識の蓄積はＡＩの得意とするところで、正解をいち早くみつける受験型秀才人材よりも、自ら学び考えながら試行錯誤する人材が求められます。

二〇一四年のノーベル物理学賞受賞スピーチの冒頭、天野浩教授は「すみません。私は英語ができません」と述べ、世界に衝撃を与えました。日本からノーベル賞受賞者を多く輩出できたのは、明治期に科学用語の翻訳を徹底して考え抜いたことで、母国語での思考を可能にしたからといわれています。作業をこなすのではなく、物事の本質を理解し、考える力をつけることです。

また、マニュアル化による業務の標準化・効率化が進む一方で、想定外の事態への対応など、活動のすべてをマニュアル化することはできません。ルールやマニュアルには、それらがつくられた背景や要因、議論の積み重ねなど、具体的には表記されない「行間」があり、それらを踏まえた運用が求められます。しかし人事異動が繰り返されるうちに「行間」は引き継がれず、書かれていることだけが引き継がれていきます。「行間」への理解がなければ、思考停止を招き形骸化した活動に終始しかねません。背景や趣旨といった「行間」が共有されなければ、想定外の事態に適切な対応はできません。マニュアル等は、単なる手順書とするのではなく、作成に至った背景（来歴）やルールの必要性に対する徹底した対話により、本質への理解を共有させ、想定外の事態への臨機応変な対応も可能にさせることです。

人材育成には手間と時間がかかります。日本最古の歴史を誇る伊勢神宮は、二〇年ごとにすべての社殿、宇治橋等を作り替えて神座を遷す、式年遷宮を続けています。一見、非効率で無駄にも思えることが一三〇〇年もの間続いているのはなぜでしょうか。二〇年という年限は、建造物の耐用年数ではなく、精神の荒廃の年限といわれます。澄んだ水も長く留めておけば濁ります。常に新たに清浄である「常若《とこわか》」を保つためには一定の循環の必要性を示しています。また、二〇年は一世代の実働年数――一〇代は見習い、三〇、四〇代は棟梁として中心的な役割を果たし、五〇代以降は後見として後輩指導を行う――であり、人材育成やキャリアプランに合致した年数ともいわれます。諸説ありますが、宗教的な理由とは別に、人間本来のありようをとらえ、長期的視点で人材育成を考えてきたと考えられている点、経営の観点から学べることがあります。

日本は、前例にこだわり、変化に抵抗する組織風土が生まれ、組織全体が思考停止に陥りがちです。健全な組織風土を醸成するためには、常に外部の視点を取り込み、「常若」の精神を維持できる環境を整備することです。人間の精神の荒廃を回避しつつ、心と業を伝承し、本質や構造の根本を理解できる人材を育成するためにも、一度作り上げたマニュアル（経理規定や安全対策マニュアルなど）を定期的に、ゼロベースで作り直すことです。作り直しには膨大な手間と時間がかかりますし、結果として同じものができるかもしれません。しかし、作り直すための対話を経験すると、マニュアル作成に至った背景などの「本質」や「構造」をとらえられるようになります。会計システムを導入し合理化しても、決算プロセスの構造を理解していなければ、想定外の問題には対処できません。ゼロからの作り直し、見直しは策定プロセスの経験を通した人材育成でもあるのです。

外部視点や新しい視点を組織に取り込むためには、活発な人事交流や人事異動など、組織風土を循環させる仕組みをつくり「常若」の精神を保つことで、コストをかけてでも、一定年限ごとにゼロから作り直す経験など、本質や構造を理解し、想定外の事態に対応できる人材を育成することが不可欠なのです。

自己変革の眼と揺ぎない信念をもつことが持続的成長につながる

英国自然史博物館動物学研究部研究リーダー、アンドリュー・パーカーは著書『眼の誕生――カンブリア紀大進化の謎を解く』（草思社）の中で、約五億四〇〇〇万年前の古生代カンブリア紀初期においては、それまで生物の多くはバクテリアのようなものばかりで、進化が進んでいなかったが、何らかの原因により光の量が増大し、生物が「本格的な眼」をもつようになったとし、太陽光線を視覚信号として本格的に利用しはじめたことで、生物が爆発的な進化を遂げたという「光スイッチ説」を唱え、近年有力な学説となってきました。

しかし、爆発的な進化を遂げた生物も、多くはその後に絶滅したともいわれます。環境に適した進化だけでは生き残れません。急激に変化する環境下では、変化に適応しすぎても、生き残れないのです。

このような生物の進化の過程は、組織の栄枯盛衰にも重なります。持続的な成長を遂げるためには、場当たり的な適応ではなく、揺るぎない確固たる信念とビジョンをもちつつ環境変化に適応することが不可欠なのです。

また、長寿企業の研究によれば、主《あるじ》に意見できる血縁ではない番頭のような「よその視点（＝眼）」を積極的に取り込み、異論にも耳を傾けてきた企業ほど永続するといいます。地域活性化でも、成功している地域の多くは、「眼（＝よその視点）」を取り入れたところです。

デジタル化が進み産業構造は一変しようとしています。環境変化をいち早く経営に取り込み、反映させていく仕組みを構築しなければ生き残れません。従業員全員が「自己変革の眼」をもち、環境変化に鋭敏になり、問題提起と解決策の模索の対話を活発にできる組織風土を醸成することで、自浄作用が働き、組織の持続的成長を可能にします。

これはコーポレートガバナンス・コードの基本的な考え方にも通じます。企業が「太陽光線（＝株主、ステークホルダーの声）」に気づく「眼」をもち、それを恒常的かつ、本格的に「利用（＝取締役会等の責務の明確化）」する仕組みを構築することで、自浄作用を働かせ、環境変化に適応した持続的な成長を実現できます。経営の本質は環境変化に適応していくことであり、内部統制やリスクマネジメントなどの経営手法は、それらの環境変化を経営に取り込んでいく手段に過ぎません。

事業の推進にあたっては、常に経営理念や行動規範などの経営の原点に立ち戻り、揺るぎない信念をもつことです。そして、真の意味で「社会的責任」を果たすためには、かつて経済同友会代表幹事であった木川田一隆氏が「企業を中心に社会を見る態度から社会を原点に企業のあり方を考える発想へ転換すること」の必要性を説いたように、社会からの要請を適時的確にとらえ、環境変化に適応していく経営を実践することが必要なのです。

経営理念、行動規範という揺るぎない信念と、環境変化へのセンシティビティを高くしておく不断の努力、その両方のバランスをとることが必要です。揺るぎない信念も、突き通しすぎては〝頑固おやじ〟になりかねませんし、環境変化に振り回されるような軽薄な態度も組織に混乱をもたらします。持続的な経営をしていくためには、揺るぎない信念をもちつつも、環境変化を鋭敏にとらえ自分事化していくバランスが求められるのです。

明確な理念・ビジョンをもち、ぶれのない判断基準を内外に示しながら、劇的に変化する環境への適応を図ることで、はじめて持続的な成長が実現します。

COLUMN 言語の本質の理解に向けて

文明開化の時代、外来語を日本に持ち込むにあたって、福沢諭吉や森鴎外はあらゆる角度から検討を重ね、翻訳に最も適した日本語を作り上げてきました。たとえば、「chemical」を「化学」と訳したことは、今考えても画期的ではないでしょうか。福沢諭吉が「right」という短い言葉の翻訳に大変な苦労をしたことは有名ですが、当時の日本社会にこの言葉で表現できる現実がなかったことが、苦労の最大の要因だといわれています。

翻訳は、社会性をもつと同時に、歴史性ももっています。翻訳による「日本語への置き換え」は日本社会の文脈の読み替えでもあるのです。外国の進んだ文化（経営）を学ぶ（取り入れる）際の翻訳には、とくに注意が必要です。昨今の企業経営を取り巻く各種外来の経営用語は、どれも安易な直訳であることに加え、直訳に用いた日本語に対する先入観も人それぞれで異なります。言葉本来の意味が曲解され、誤解に基づいたとらえ方が社会全体に蔓延していないでしょうか。日常的に氾濫するカタカナの経営用語を、安直にとらえてはいけませんが、極端な拒否反応を示す必要もありません。言葉の背景にある社会環境や歴史を正しく認識し、言葉本来の意味を正確にとらえて、日本社会の実情に照らした対応ができれば、それらは経営に重要な示唆を与えてくれます。

実践編

実践編では、理論編を踏まえ、実際の組織や職場で、コンプライアンスリスクに対するリテラシーを高めていくための、具体的な方法やツールを解説します。ここで紹介する内容を本気で実践していくことで、激動の時代においても、不祥事を予防することができます。

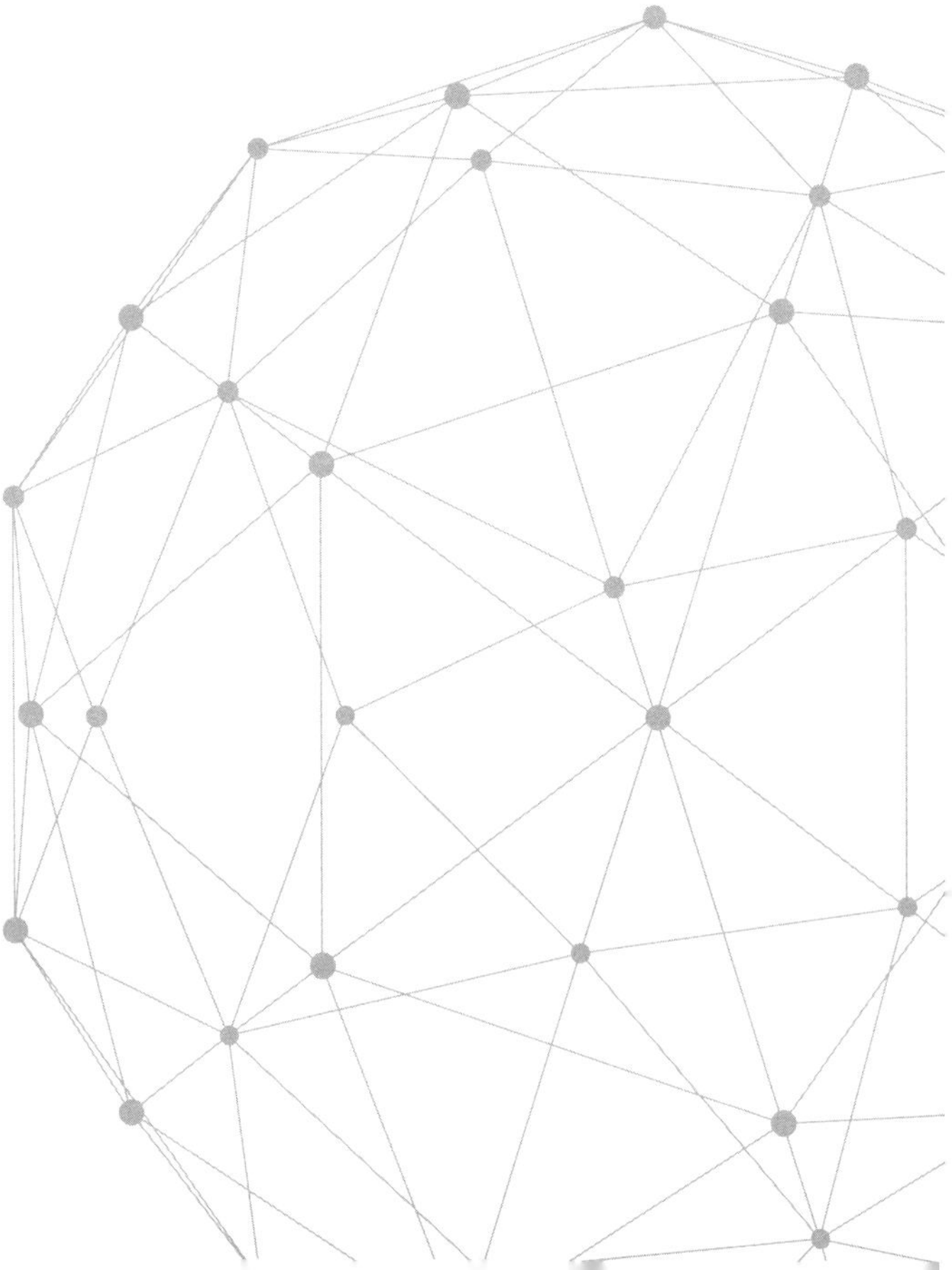

第6章

内部統制とは

歴史から紐解く内部統制

内部統制が法制化された理由

内部統制とは、「事業活動にかかわる従業員すべて（非正規雇用も含む）が遵守すべき社内ルールや仕組み」のことです。

日本の内部統制は、金融商品取引法と会社法の二つの法律で規制されており、両者とも目的は「内部統制システムの構築」を要請している点では同じですが、法令の考え方や対象、運用方法は大きく異なります。内部統制が法制化に至る流れを踏まえ、制度の趣旨を解説していきます。

内部統制は、一九九二年に米国トレッドウェイ委員会組織委員会（以下「ＣＯＳＯ」といいます）が公表したＣＯＳＯ報告書によって提示されました。その後、同国のエンロン、ワールドコムなど、経営者による大型の会計不正が相次いで発覚したことを受け、経営者に対して厳しい牽制を行うことを目的として、二〇〇二年に米国企業改革（通称：SOX）法が施行されました。

日本でも、カネボウ、ライブドア、西武鉄道など経営者による不正が相次ぎ、二〇〇二年の商法改正をきっかけに内部統制に関する議論が活発化し、二〇〇六年に金融商品取引法・会社法において内部統制システムの構築に関する取締役の責任が明文化されるようになりました。

これらの先駆けとなったのは、大和銀行株主代表訴訟事件判決（大阪地方裁判所、二〇〇〇年九月二〇日）です。一九九五年に発覚した、大和銀行ニューヨーク支店の巨額損失事件を巡り、同行の株主が当時の取締役ら四九人に対して、総額一四億五〇〇〇万ドル（約一五五〇億円）を賠償するよう求めた株主代表訴訟について、次のように判決が出されました。

裁判所は、株主側の訴えを一部認め、当時ニューヨーク支店長だった元副頭取に単独で五億三〇〇〇万ドル（約五六七億円）を、また、ニューヨーク支店長を含む現・元役員ら一一人に計約二億四五〇〇万ドル（約二六二億円）を支払うよう命じました。株主代表訴訟では、前例のない巨額の損害賠償が命じられたものとなりました。

同判決において、経営者には従業員を管理・監督するプロセスを構築する責任があることを示し、取締役に対する賠償請求が認められたことから、我が国における内部統制に関する議論の引き金となった事案でした。

会社法の前身である旧商法下においても、実質的には内部統制システムの構築・運用の義務があったものの明文化はされていませんでした。しかし、会社法では取締役会に内部統制システムの構築・運用を義務づけ、大会社においては専決事項（取締役会の決議を経る必要があり、代表取締役等への委任は認められていない事項）とし、すべての取締役に内部統制システムの構築責任を負わせることが、明文化されました。

内部統制の基本

内部統制システムの構築は、経営者が自らの組織の内部管理を行うためのものであるとともに、意思決定プロセスを透明化することでステークホルダーの信頼を得つつ、経営者自身の行動も牽制し、経営目的を達成していくために行うものです。

そもそも、「内部統制とは何か?」について、基本的な視点から本質的な側面を考察してみたいと思います。

まず小規模な組織、たとえば商店であれば、帳簿記帳から現金管理まで、すべての行為を経営者が管理します。規模が拡大するにつれ、業務の権限を部下に委譲し、任せていくようになります。しかし、ただ任せるだけでは、部下が金庫ごと持ち去ってしまうことがあるかもしれません。そこで、従業員同士で一定の牽制をかけて適正な管理を図りつつ、権限を委譲して効率的な業務を行おうとするのが内部統制の基本的な考え方になります。

組織内部で牽制をかける場合は、基本的には、「モノ」「金」「記録」の担当を分けることで、お互いに一定の牽制をかけつつ権限を委譲します。最適な内部統制システムに絶対的な解はなく、各組織の規模等の実情に応じて、担当者の役割分担と経営者からの権限委譲のあり方との相関関係を踏まえて決定することになります。たとえば、組織が大きく担当者の役割分担を細分化できれば相当程度の権限委譲ができます。逆に組織規模が小さく役割分担に限界がある場合は、権限委譲をせず経営者または上位の役職者に権限を留めておくこととなります。

しかし、いずれの方法をとっても主体が人間である以上、不正を完璧に防止するのには限界があります。経営者が内部統制を構築するにあたり求められているのは、不正を完璧に防止することではなく、不正が起きにくい仕組みづくりなのです。不正の撲滅と、不正が起きにくい仕組みづくりは、似て非なるもので、目的が大きく異なります。なお、会社法施行規則第１００条でも、リスクの撲滅ではなく、リスク回避のための仕組みづくりが要求されています。

組織づくりにおいては、あらためて、何のために、どの程度の内部統制を構築するのかという目的を再確認しながら進めることが大切です。目的や狙いが曖昧のままだと、対応策も大きく変わり、形骸化しかねません。費用対効果の視点からどこまでコストをかけるかを検討し、全社的な視点から、効率的かつ効果的なものとなるように、組織設計と権限委譲、職務分掌を決めることがカギとなります。

COSOフレームワークからみる内部統制の本質

内部統制に関する具体的な定義は、一九九二年に米国COSO委員会により「COSOフレームワーク」として示されたのが最初になります。

具体的には、三つの組織目的（①コンプライアンス目的、②報告目的、③業務目的）と五つのプロセス（①統制環境、②リスク評価、③統制活動、④情報と伝達、⑤モニタリング活動）について、キューブをモチーフに明示しました（図表6-1）。

その後、COSOフレームワークを発展させる形でリスクマネジメントを詳細にした「COSO　ERM」が二〇〇四年に公表され、その後も改訂が続けられていますが、内部統制に関する基本的な考え方は変わっていません。内部統制についての本質的な理解をするために、一九九二年に示されたCOSOフレームワークを基に次の二つの視点からみてみたいと思います。

結果責任ではなく、プロセス責任

一つ目の視点は、COSOフレームワークは「内部統制の構築は、①コンプライアンス目的、②報告目的、③業務目的という三つの目的を実現するための〝プロセス（仕組み）〟」であるとしている点です。これらの三つの組織目的は一見すると当たり前のことが書かれていますが、重要なのは、結果として目的を達成すれば良いのではなく、あくまでもそのプロセスに責任があることを示した点です。

図表6-1　COSOキューブ

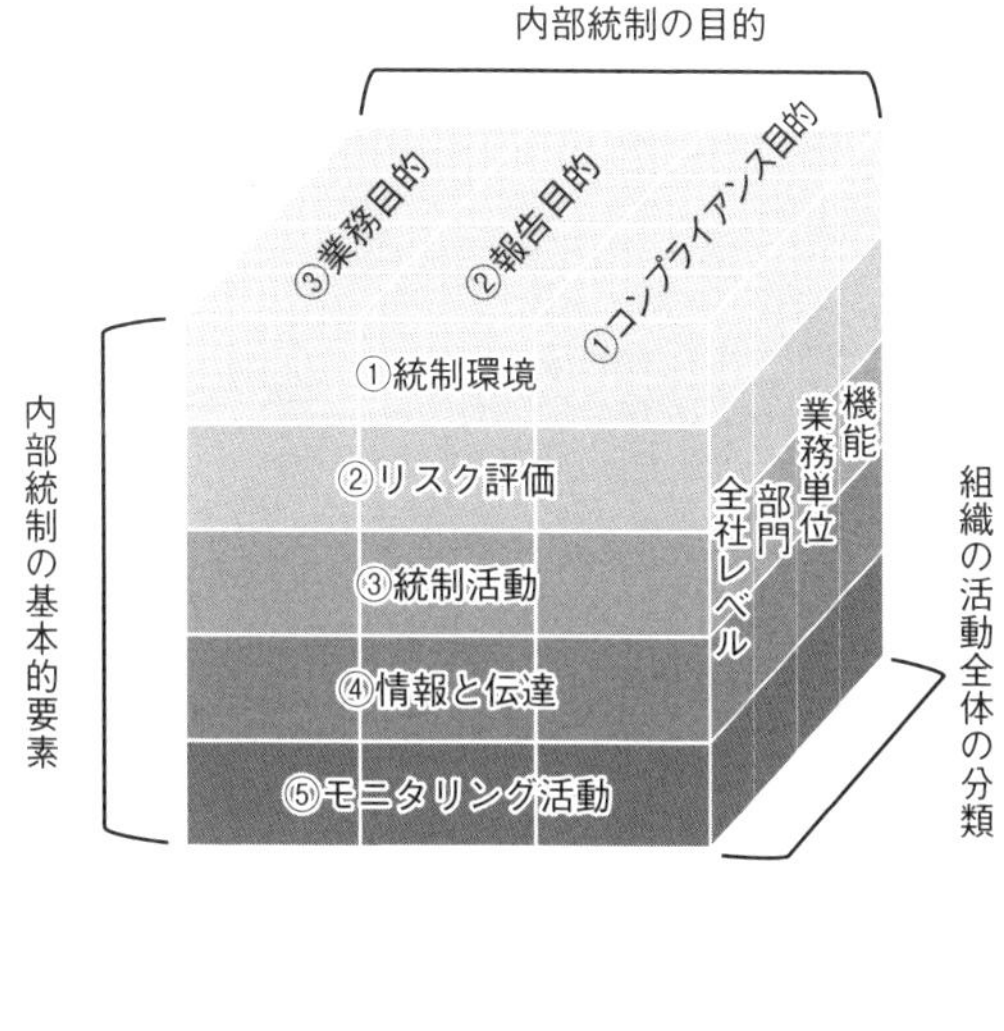

かつて不祥事が起きたときに「俺は知らん。部下がやったことだ」といって責任逃れしようとする経営者がいました。組織目的を実現するために経営者として何をしていたのかがわからず、説明責任が果たせていません。また、「当社は法令に従って業務をしているから大丈夫だ」という発言も不適切です。単に「大丈夫だ」では何の説明にもなっていません。

求められていることは、三つの組織目的達成のためにどのような取組みをしているか、経営者自身が端的に的確かつ、具体的に説明できなければならないということです。

「財務的リスク要因」と「非財務的リスク要因」の総合的コントロール

二つ目の視点は、上記した三つの組織目的のリスク要因を踏まえた対応を行う必要性があることです。

リスク要因には、大きく「財務的リスク要因」と「非財務的リスク要因」があります。まず、「②報告目的」のベースとなっている情報は、主に会計情報を主体とした「財務的リスク要因」になります。基本的に、会計不正や横領は、すべての会計情報をみることができれば必ずばれます。膨大な量の伝票がありすべてに目を通すには物理的限界がある場合、見つかりにくいのも事実ですが、問題があれば何かしらの証拠が残る会計情報は、個別に課題を特定し、撃破（対応）していくようなアプローチが向いています。最近では、ＡＩを活用した監査など、技術的発展により膨大な情報処理も可能になり、より不正を検出しやすくなっています。また、非財務報告に付随する数値についても、開示情報は根拠の有無も含めて明示的な資料が前提となります。

次に、「①コンプライアンス目的」や「③業務目的」などは、「非財務的リスク要因」となります。「非財務的リスク要因」には、会計情報など、明確に記録が残る「財務的リスク要因」とは異なり、記録や証拠が残りにくいという特徴があります。

たとえば、従業員が飲酒運転をしたとしても、必ずしもその記録が残るとは限らず、むしろ、こうした違反行為は何も証拠が残っていないことの方が多いのが事実です。

事故や逮捕などの問題が発生して、はじめて顕在化し「①コンプライアンス目的」が問われます。しかし、リスク管理の視点からは、問題が顕在化してからでは手遅れなのです。

これらの「非財務的リスク要因」を網羅的に対応しようとすると膨大なコストがかかります。「非財務的リスク要因」への対応については、すべてのリスクに対応するのではなく、組織全体から俯瞰してみて、各リスクの影響度と発生可能性などを考慮したうえで、組織として優先度の高いリスクを選択し、それらに対して限られた経営資源を配分（リスクマネジメント）してリスクの低減を図ることで対応します。

なお、金融商品取引法が「財務的リスク要因」を対象（報告目的の確保）としているのに対して、会社法は「非財務的リスク要因」を対象としています。それぞれの法律の適用にあたっては、目的ごとにリスク要因を明確にし、それぞれの目的に応じて対応方法を変える必要があります。

内部統制システムの構築を効率的かつ効果的に行うためには、リスク要因に応じたアプローチをとる一方で、内部統制構築の全体の責任者は、財務的リスク要因と非財務的リスク要因の双方へ対応ができる上級役員（副社長等）が担当すべきです。

なお、本書におけるリスクマネジメントは、非財務的リスク要因（会社法を念頭）への対応方法を中心とした対象を論じます。

COSOキューブの紐解き＝根本原因の探求

組織規模が拡大すると、本社だけでなく、工場、事業部、支店・支社、国内外の拠点、子会社・孫会社など物理的にも展開していきます。事業の範囲、地理的な要因、権限移譲の仕方、事業の性質などの様々な要因により、管理手法は大きく変わります。それらを図示したのが、ＣＯＳＯキューブの奥行きです（図表６－１）。

ただ、問題が起きるときは、様々な要因が重なっていることが多いのも事実です。たとえば、横領を例に取り上げると、横領したいという動機で、その組織を選んで入社する人はいないと思います。しかし、入社してみたら、嫌な上司に遭遇し、ロクな指示もなく、権限規定もいい加減で、管理体制や内部統制が緩く、セキュリティも脆弱で……など、様々な要因に加え、本人の要因が重なったときに、問題が起きます。

すなわち、財務的リスク要因と非財務的リスク要因は、複雑に絡む相互密接な関係にあり、タテ（目的）とヨコ（対応方法）が交錯するなど、問題が起きる原因は一つではないのです。さらに、奥行きに物理的な状況・状態を加えて考えていきます。

こうしたことを踏まえて実効性のある再発防止策を検討するためには、これら密接に絡み合う原因を深掘りし、原因を整理したうえで、それぞれの原因に応じた対策を考えながら、内部統制システムを構築することが必要です。

それゆえに、内部統制システムの構築にあたっては、担当役員任せにするのではなく、経営トップが自らリーダーシップをとって、目的を実現するために、各リスク要因ごとに施策を考えます。組織全体の視点から、そして、目的と対策を整理したうえで、各担当役員らとともに戦略を練ることが必要なのです。そのためにも、経営会議での十分な議論が不可欠なのです。このことを、軍隊にたとえるならば、陸軍トップとしての財務担当役員、空軍トップとしての総務担当役員、そして海軍トップとしての業務担当役員がいて、それら全体を参謀本部長（経営トップ）が束ねることではじめて実効性のある内部統制を構築できるのです。

会社法が規定する内部統制の構築とは

会社法が求める内部統制

会社法では内部統制について、取締役会の決議事項（大会社は専決事項）として「取締役の職務の執行が法令及び定款に適合することを確保するための体制その他株式会社の業務並びに当該株式会社及びその子会社から成る企業集団の業務の適正を確保するために必要なものとして法務省令で定める体制の整備」をしなければならないと定めています（第362条4項6号）。

具体的な構築用件は、会社法施行規則第100条にて定められています（図表6-2）。条文をみると、会社法は、内部統制システム構築の目的として、「非財務的リスク要因」への対応を要請しています。たとえば、会社法施行規則第100条2号および4号では、リスクマネジメント体制およびコンプライアンス体制の構築を「取締役の責任」と明示しています。

ここで会社法が求めているのは、絶対的な法令等の遵守という「結果」ではなく、遵守できる「体制の構築」です。2号が示す「損失の危険の管理」は、あらゆるリスクを対象とする一方、4号の「法令及び定款に適合することを確保するための体制」は、法令に留まらず広く社会的要請を踏まえたコンプライアンス体制の構築を要請しているのです。さらに5号ではグループ会社のリスク管理体制の構築も親会社の取締役の責任としています。つまり、親会社の取締役は、財務などの計数管理と人事を中心に行ってきた子会社管理のあり方を見直し、グループ全体のリスクマネジメント体制を構築する責任も負わされているのです。

図表 6-2　会社法施行規則第100条

（業務の適正を確保するための体制）

第100条　法第362条第４項第６号に規定する法務省令で定める体制は、当該株式会社における次に掲げる体制とする。

1　当該株式会社の取締役の職務の執行に係る情報の保存及び管理に関する体制

2　当該株式会社の損失の危険の管理に関する規程その他の体制　──　**リスクマネジメント**

3　当該株式会社の取締役の職務の執行が効率的に行われることを確保するための体制

4　当該株式会社の使用人の職務の執行が法令及び定款に適合することを確保するための体制　──　**コンプライアンス**

5　次に掲げる体制その他の当該株式会社並びにその親会社及び子会社から成る企業集団における業務の適正を確保するための体制

（以下略）

まとめると、会社法が求める内部統制システムとは、「リスクマネジメント体制の構築」および「コンプライアンス体制の構築」を指しており、これらを構築するのは「取締役の善管注意義務としての責任」であると明確に示しているということです。

では「リスクマネジメント体制」と「コンプライアンス体制」は、どのような関係にあるのでしょうか。図表6-2の会社法施行規則第100条2号（リスクマネジメント体制）と4号（コンプライアンス体制）の規定を、図表6-3に整理しました。

2号の中に、4号が包含された概念となっている一方、2号と4号の対象が重なる部分もあります。両者は、いずれも会社が直面する経営リスクを指しますが、4号は特定のリ

図表 6-3　会社法施行規則第100条 2 号および 4 号の関係性

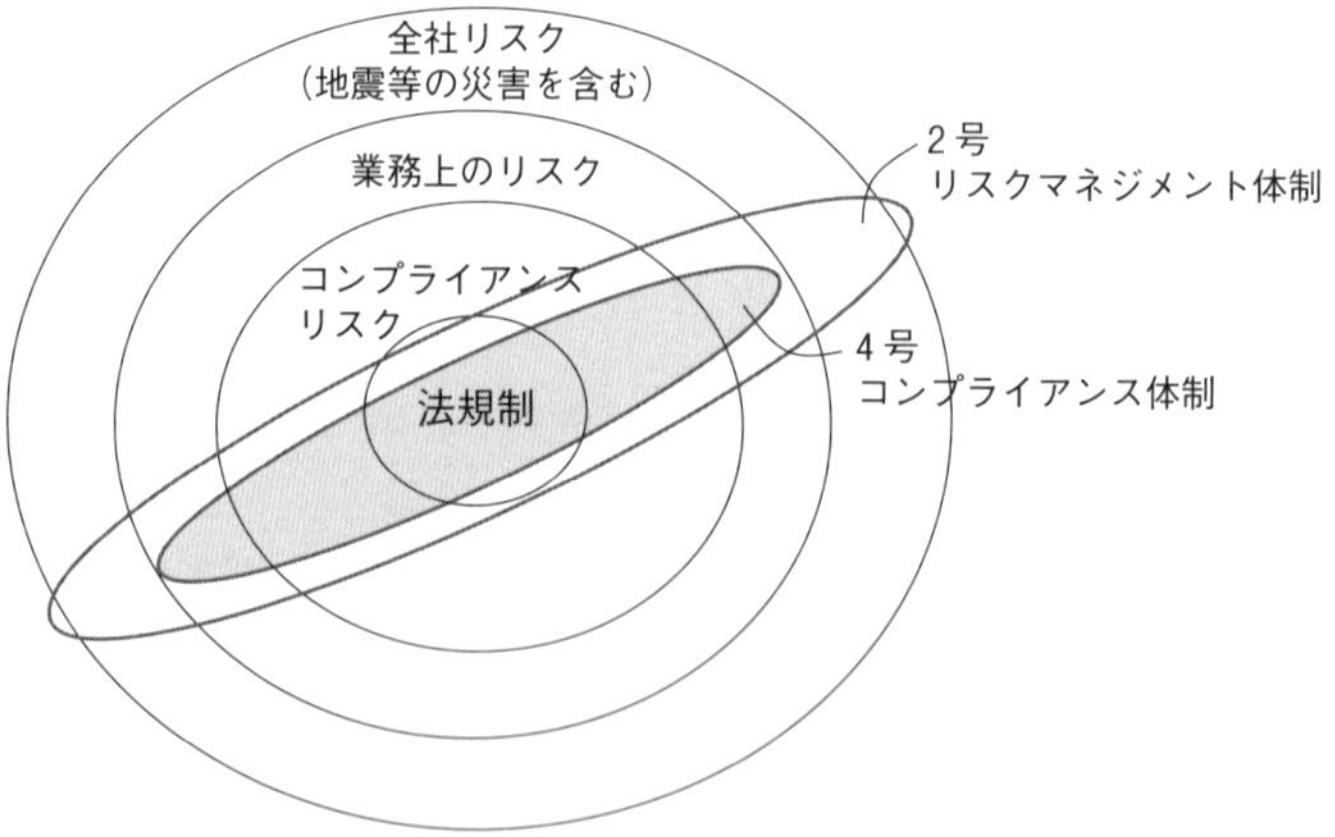

スク（法令および定款に関するリスク）を対象にしています。

しかし、同じ会社の経営リスクを対象としている以上、内部統制システムは、2号、4号のいずれも同じ手法を利用すべきだと考えます。あくまでも、対象範囲が異なるだけなのです。とくに、昨今のように環境変化が激しい社会では、リスクマネジメントの対象とするリスクとコンプライアンスリスクは表裏一体で取り組む必要性が高くなっています。それゆえにリスクマネジメント部門とコンプライアンス部門が歩調を合わせて取り組むことが、効率的かつ効果的なのです。

内部統制の構築で留意すべき点

会社法が定める内部統制の構築にあたって、経営上留意しなければならないポイントがあります。

まず、内部統制システムの構築は、取締役の重要な業務かつ取締役会の専決事項であり、すべての取締役が担当に関係なく構築責任を負うこととされている点です。内部統制の担当ではなくとも、すべての取締役は、同等の責任を負わされているとの自覚が必要です。

次に、身の丈にあった内部統制の構築が求められているという点です。企業ごとにそれぞれ状況は異なるため、他社の内部統制への取組みを単純に真似たところで、自社にあった内部統制が構築できるとは限りません。

会社法が求めているのは、「決めたことを守ること」です。取締役会で内部統制が決定されると、それを実行しなければ責任を問われかねません。そのため、内部統制システムの構築にあたっては自社にあったものを、確実に実行することが肝要です。

COLUMN 「法令環境マップ」を作成してみよう

自組織を取り巻く法律が、どのように変化しているのか「法令環境マップ」を作成して整理をしてみてはどうでしょうか。とくに、規制業種には効果的です。

まず、自社の事業を規制する法律を中心に、その背後にある法令も含め、自社を取り巻く主要な関係法令の全体像を描きます。そして、各法律を巡る主な裁判例や法令改正の経緯などをまとめると、法令等を巡る変化をとらえることができます。とくに、主な裁判例からは環境変化が法律に及ぼす影響が如実に表れているほか、法令改正の趣旨や背景を整理していくと社会の関心事項がみえてきます。

同じような事象でも一〇年前と現在とでは判断基準が変わり、運用が大きく変化した法令等があることがわかるでしょう。社会の潮目を読むことが、潜在的なリスクを抽出し、社会的要請に適応した対応を促すことになります。

また、作成した「法令環境マップ」を研修や朝礼等の際に組織内部で共有していくことで、組織を取り巻く環境変化をとらえられるようになり、コンプライアンスリスクに対するリテラシーの向上を促すことにもつながります。

第7章 リスクマネジメントとは

リスクマネジメントの基本的な考え方

三段階のリスク対応ポイント

リスクマネジメントには、①未然防止、②問題発生直後の対応、③事後対応の三段階の対応ポイントがあります。

組織へのダメージを最小化するためには、未然防止が最も有効ですが、日々の業務に追われ、何かことが起きてからでないと危機意識がもてず、未然防止がおろそかになってしまうこともしばしばです。しかし、問題発生による損失額は、未然防止のためのコストの数十倍、数百倍ともいわれますので、未然防止をおろそかにすることは、組織にとってマイナスでしかありません。

未然防止の取組みにあたっては、まず、経営トップから従業員までのすべての役職員が、コンプライアンスリスクに対する予測能力を高め、リテラシーを高くもつことです。そのためには、日々の啓発活動などを通して環境変化に対するセンシティビティを高め、リベラルアーツ的思考力を身につけるよう、教育・研修等の取組みをプロデュースすることが必要であるということは述べてきました。経営の基本はサプライズをなくすことです。他方で、人間を相手にしている以上、いくら予防しても、いつ、なんどき問題が起きるかはわかりません。そのため、組織の存続のためには、問題発生直後の初動対応も極めて重要です。

不祥事や感染症問題のような、想定外の突発的な事象が起こると、しばしば、現場だけでなく、組織の意思決定権者である経営陣まで混乱することがあります。ステークホルダーの信頼を損なわないためには、問題発生直後に、いかに迅速かつ的確に事実関係をとらえ、判断ができるかが重要になるため、事前に問題発生直後の対応手順を明確化しておき、危機管理対応の実践的な訓練を積んでおく必要があります。

とくに、多くの経営者は自社では不祥事は起きないと考え、準備を怠りがちです。しかし、いざ不祥事が発生すると、適切に対応できず専門家の選定が遅れたり、専門家の選定を他者に判断を委ねたりすることで、結果的に第三者委員会の調査費などに膨大なコストを払うこともあります。

とくに経営トップの関与が疑われる場合、リーダーシップが発揮できず、混乱し、対応が遅れることがあります。困難な状況であっても、適切な対応で会社の損害を最小化することが経営者の責務であり、ガバナンスの基本でもあります。平時から専門家との関係を構築し、有事にも不必要なコストを必要以上にかけずに第三者委員会を運営できる体制を整えることも、経営者のリスクマネジメントとして重要な課題のひとつではないでしょうか。

なお、危機管理への対応では、問題発生直後は、まず、事実関係の把握に注力し、背景や原因分析を徹底することが大事です。そのうえで、事業の再生やステークホルダーへの信頼回復に向けた、実効性のある再発防止策を策定し実行することです。とくに、再発防止策の視点から、徹底した原因の探究により構造的な問題をも洗い出し、直視し、実効性のある再発防止策を策定することが肝要です。

リスクマネジメントの基本的な考え方

内部統制システムの整備とは、「リスクマネジメント体制およびコンプライアンス体制の構築の双方を含む取組み」であることは述べてきましたが、どのような仕組みをつくろうともリスクをゼロにすることはできません。

そのため、リスクマネジメントでは、特定のリスクをゼロにすることを目的とするのではなく、組織全体の視点からみたときのリスクを最適化（＝マネジメント）することがカギとなります。人・時間・予算等、経営資源の物理的な制約がある中、すべてのリスクに対応することはできませんし、意味がありません。経営上重要と考えるリスクを言語化して書き出したうえで、それらのリスクを定量評価して、重要性の高いリスクを特定したうえで、限られた経営資源を重要なリスク対応に振り分けていくこと、つまり経営課題の「選択と集中の対応」がリスクマネジメントです。

リスクマネジメントの基本的な考え方を図表7-1（リスクマップ）に示します。

図表7-1　リスクマネジメントの基本的な考え方

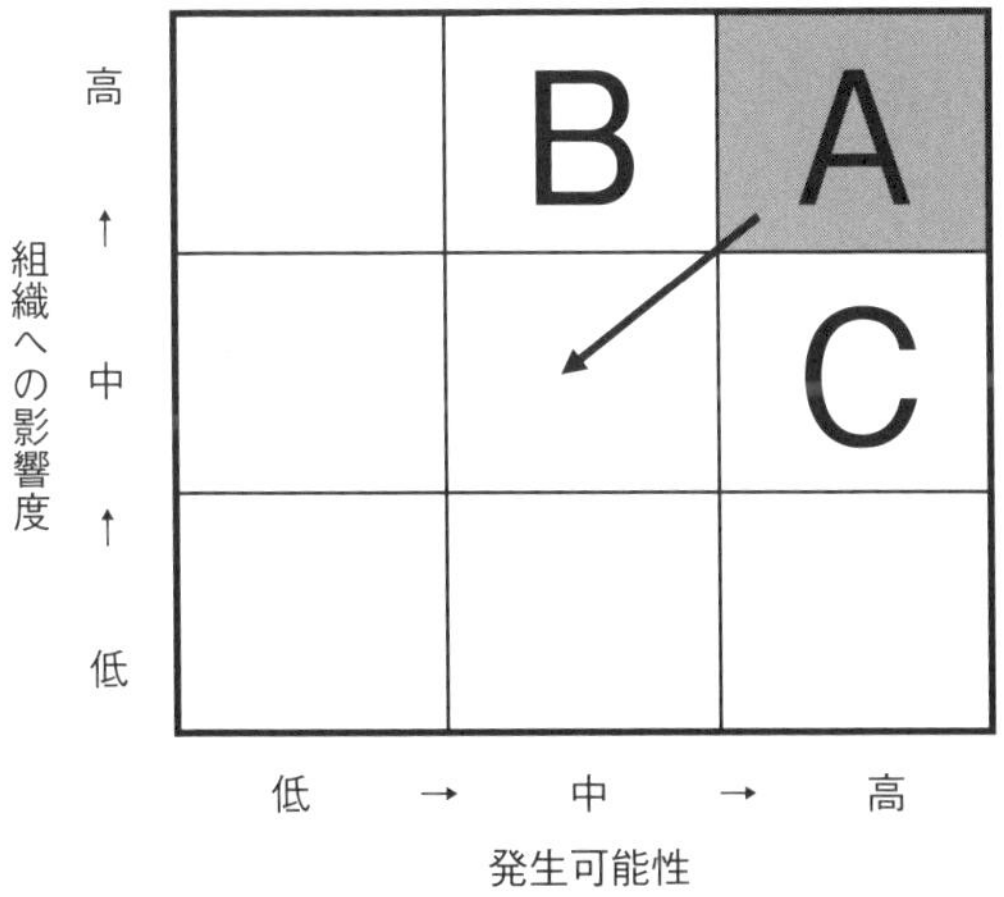

まず、リスクを「影響度（縦軸）」と「発生可能性（横軸）」の二軸で整理し、それらの評価軸を基に定量評価したリスクの俯瞰図を作成します。次に、リスク俯瞰図で可視化されたリスクについて対応策を検討します。その際、図中Aのように、影響度も発生可能性も高いリスクを中心に優先的に対応していきます。なお、こうした優先度の高いリスクは、限られた人材の中からでも優秀な人材を配置し、対策にあたることが多いのも事実です。しかし、一般的に、優秀な人は、時として一つの対策をやり過ぎる場合があることに注意が必要です。

全社リスクの最適化の視点からは、Aのリスクは図表7-1の真ん中付近までに、影響度と発生可能性を下げる取組みをすれば十分です。左下の位置までリスクを徹底して低減させることは、むしろ〝やりすぎ〟の印象が否めず、経営資源の観点からは無駄遣いともいえるかもしれません。Aのリスクについて、必要十分な程度にまでリスクを低減させたら、限られた経営資源は次のリスクに振り向けていくことです。

リスク対応にあたっては、具体的に、「誰が、いつ、何を、どのよう（5W1H）」に対応しようとしているのかを明確にすることです。問題が突発的に発生した場合でも、リスクマップを作成し、リスク対応を体系的かつ俯瞰的に整理することで、的確な対応が可能となります。これにより経営者としての考えを具体的かつわかりやすく説明できるようになり、ステークホルダーに安心感を与えるとともに、不必要な批判を回避することもできます。

なお、対応策の優先順位の検討にあたって、実務上、影響度と発生可能性のいずれかが高い場合、どちらを優先すべきなのか悩むことがあります。とくに、優先順位の判断が難しいのが、図表7-1のBのリスク（影響度高、発生可能性中）、Cのリスク（影響度中、発生可能性高）です。

最終的には経験と知見に基づく経営判断が必要になります。筆者の経験としての私見では、一般的な組織であれば、Bのリスクを優先すべきかもしれません。Cについては、発生する可能性を意識していれば、何かが起きてもある程度対応できるだろうと考えるからです。他方、公的機関のように、当たり前のことが確実にできていないとバッシングを受ける環境にある場合は、Cのリスク対応を優先すべきかもしれません。

いずれにしても、実際は取締役会で十分に議論を尽くしたうえで、最終的には経営者の判断となります。リスクマップの作成は、こうした経営者の判断の際に有意義な情報を提供するのです。具体的な評価方法や目的は第9章で解説します。

リスクマネジメントにあたっての実務的課題～回転寿司経営を目指して

リスクマネジメント体制の構築の基本的な考えは、リスクを抽出し、評価を行い、対応策を策定し、実行し、フィードバックしていく仕組みづくりです。

仕組みづくりにあたっては、第6章で紹介したＣＯＳＯフレームワークの活用や、一般的な経営手法の概念として用いられるＰＤＣＡサイクル（生産技術における品質管理などの継続的改善手法：Plan（計画）→Do（実行）→Check（評価）→Act（改善）またはAction（行動）の四段階を繰り返すことによって、業務を継続的に改善する）の構築など様々な考え方があります。

ただ、いずれも基本的な考えは同じなので、日常的に馴染みのある、使いやすい考え方で整理をするのが良いと思います。本書では、現場に馴染みのあるＰＤＣＡサイクルの考え方をベースに説明します。

脱やりっ放し

まず、よくみられる現象が、制度や仕組みをつくって、導入初年度に研修した後は、そのままで、その後の検証を十分に行わないケースです。いくら制度をつくっても、定着させなければ意味がありません。また、制度をつくっても、数回の研修程度では現場まで定着・浸透せず、「いいっ放し」「やりっ放し」といわれても仕方がありません。

現場まで浸透させるためには、Check→Actが大切になります。現場のリスクに対するリテラシーを向上させ、意識変革を促し、リスクマネジメントの実効性を高めるために絶対的な方法はありません。忍耐強く、腰を据えて、試行錯誤しながら何年もの時間をかけて繰り返し行い、適宜軌道修正しながら、組織文化として定着させることです。

たとえば、意識調査などを利用して、従業員の制度や仕組みに対する理解度や納得度を定期的に確認することも大切です。もし従業員の理解度や納得度が低ければ、その原因を探り、どうしたら腹落ちした理解になるのか、組織風土として定着できるのかという点から、繰り返し時間をかけて軌道修正を行っていくことです。そうすることで、Check→Actを繰り返し行うことになり、その組織に合った、効果的な施策を検討していくことができます。ゆえにリスクマネジメント体制の構築においては、ＰＤＣＡの中でも、とくにCheck→Actを徹底して、根気強く繰り返し行っていくことが重要なのです。

回転寿司経営を目指して

リスクマネジメント体制の構築は、回転寿司屋の経営をイメージするとわかりやすいかもしれません。

多くの組織において、経営の現状は、「対面式の高級寿司屋」の状態です。対面式の高級寿司屋は、必ずしも、全種類のネタ（リスク）がみやすくなっているとは限らず、また値段（評価）もわかりません。注文する際は、自分の好きなもの（関心のあるもの）か、店主にお任せとなり、時には店主の声の大きさ（おすすめ）でネタ（リスク）を選んで決定してしまいます。このような対面式の高級寿司屋のような状況では、自組織全体のネタ（リスク）を俯瞰できる状態にないため、経営者が全体を踏まえた的確な経営判断をしやすい環境にはなっていません。

一方、回転寿司屋は、多様なすべてのネタ（リスク）が、値段（評価）ごとに色分けされて並びます。また、全体を俯瞰して眺めることができ、その中から好きなネタ（重要なリスク）を選択しやすい環境になっています。

リスクマネジメント体制の構築においては、このように回転寿司屋のような環境の整備が不可欠です。どのネタ（リスク）を選択するか、客（経営者）が判断しやすい環境、客の意思により決定できる状況を作り出すことが店主（担当部門）の職務になります。

リスクの取り合いから共有へ

一つのリスクを、複数の部署がそれぞれの視点から、異なる分類方法で整理しつつ重複して取り上げることがあります。しかし、組織全体からみれば一つのリスクは、同一のリスクでしかありません。

たとえば、賞味期限の印字間違いが発生したとします。現場からみると「印字間違い」という一つのリスクでしかありません。しかし、本社の管理部門ごとに考えると、法令違反としてみればコンプライアンス問題ですし、業務上の仕損品への対応としてみれば品質管理の問題と指摘できます。そのため、同じリスクについて、コンプライアンス部門と品質管理部門など本社の管理部門ごとに、バラバラに調査・報告、対策がなされます。

このような事態を避けるためには、複数の部署で同一のリスクを取り合ったり、押し付け合ったりするのではなく、リスクを抽出する部署、対応策を計画する部署、実行する部署、計画の遂行をモニタリングする部署など、それぞれの役割を明確にすることです。役割を明確にすることで各部署が相互に補完し合い、組織全体のP→D→C→Aが効果的に回るようになり、はじめてリスクマネジメントが機能するようになります。

計画策定より実行へ、不完全でも前に進む

リスクマネジメント体制の推進にあたって大切なことは、リスク評価に注力するのではなく、具体的な改善計画の策定と実行に力点を置くことです。

ともすると、リスク評価で満足してしまって、実質的に何もやらないこともあります。どんなに徹底的にリスクを洗い出しても、具体的な改善計画が示されなければ意味がありません。たとえば、生活習慣病の傾向のある人が健康診断を受けて問題を把握しても、それだけでは何の意味もありません。具体的な生活習慣の改善計画を立て実行にうつすことではじめて善処できるのと同じです。大事なことは、評価をゴールとしないことです。

なお、実効性のあるものにするためには、改善計画について、たとえば、「教育研修を充実させる」といった抽象的な計画ではなく、「誰が、誰に対して、何を、どのタイミングで、どのような形で行うのか（5W1Hの徹底）」まで具体的に踏み込んで計画に落とし込むことです。そのためにも「何故《なぜ》」を繰り返すことです。

とくに、改善計画が問題の本質や実態に沿っていない計画にならないよう、注意が必要です。「情報管理の意識が低い」といった場合、単に弁護士による「法律」の研修だけでは効果は限定的になりかねません。「意識」の改善を促すために、「法律ではどうなっているのか」というだけでなく、組織風土がどうなっているのか、仕組みがきちんとあるの

か、誰がどのような形でモニタリングしているのか等、多面的に検討する必要があります。本質的な原因に迫った、効果的な改善計画を示すことで、リスクマネジメント体制の構築に向けたスタートラインに立てるのです。

そして、P→D→C→Aは最低でも一年に一回転させることを目指します。組織規模によりますが、理想は、リスク評価または過去のリスクマネジメントなどの活動評価を踏まえた改善計画の立案・見直しに二カ月程度をかけ、残りの期間を実行にあてることです。はじめて取り組むときは、計画策定だけで一年かかるかもしれません。しかし、翌年度は半年でできるようにし、三年目に理想的な姿にもっていくなど段階的に取り組むことでも良いのです。

評価ばかりやっていても先には進みません。不完全でもP→D→C→Aを回すことに力点を置きましょう。経験を積み重ねながら、対象とするリスクの範囲を広げていくことで、リスクマネジメントが定着していきます。

COLUMN

組織風土を変革するためには継続的な努力あるのみ

『アンナ・カレーニナ』（トルストイ著、光文社）の冒頭部分に「幸福な家庭はみな似通っているが、不幸な家庭は不幸の相もさまざまである」とあります。うまくいっている組織の風土はどれも似ていますが、不祥事が起きる組織にはそれぞれ異なる悪しき風土があるものです。

ただ、異なる風土ではあっても、問題が生じやすい組織に共通することがあります。それは、形式的な対処法はあっても、組織風土という根幹的な問題に正面から向き合うことを避けている点です。

組織風土は人間でいえば血液に相当します。生活習慣の見直しをせず、対処療法に頼るだけでは病を治すことはできません。加えて、組織は人が入れ替わります。環境変化に適応した健全な組織風土を醸成し、維持していくためには、常に改善し続ける努力が欠かせないのです。

第8章 リスクに対するリテラシーを向上させるための具体的な施策

コンプライアンスに取り組む意味を「感性」で理解してもらう

「コンプライアンスは自分や部下を守ることである」ということを繰り返し伝える

環境変化の激しい現代においては、組織が、経営者が、従業員が、社会からの要請に柔軟に適応していくことで、持続可能な経営を図る必要があります。その実現のためには、リスクに対するリテラシーを高め、環境変化を認識し、それに応じた行動をすることです。まず、経営者・従業員のそれぞれが何のためにコンプライアンスに取り組んでいるのか、コンプライアンスに取り組んでどうなりたいのかを考え、腹落ちして理解を深めることです。

犯人捜しや、「後出しジャンケン」のようにして法令違反行為を見つけ出すことがコンプライアンスに取り組む目的ではありません。未然防止を目指すためにも、従業員一人ひとりに社会の価値観の変化を自分事化してもらうことで、意識を変え、組織風土を変え、結果として、組織全体を環境変化に適応させていくことで、組織・従業員を守ることです。

たとえば、飲酒運転に対する罰則はこれまでも厳しいものでしたが、一昔前までは「ビール一杯飲んだくらいなら、運転して良いだろう」との考えが社会に蔓延《まんえん》していたことは否めません。しかし、この十数年で社会の認識は大きく変わりました。ビール一杯であっても、飲んで運転することは許されない社会になりました。

同様に、不倫に対する社会の認識も大きく変わりました。「英雄色を好む」、「芸の肥やし」などの言葉があるように、不倫が黙認されていた時代もありましたが、昨今は不貞行為は違法行為ではないとはいえ、経営幹部による不倫が表面化すると、組織までもが社会批判にさらされ、信頼や評判を大きく損ないかねない時代となりました。現代においては、すべての役職員が、環境変化に応じて、行動変容できるかが問われているのです。

組織として、従業員の行動変容を促すためには、「コンプライアンスは法令を守ること」という呪縛から解き放ち、「コンプライアンスは自分や部下を守ること」であるということを伝え、従業員がコンプライアンスに取り組む意味を「感性」で理解できるようプロデュースすることが大切です。

そのためには、教育・研修に加え、日常業務の中で、「啓発活動」を繰り返していくことです。日常的な啓発活動を通してコンプライアンスに取り組む意味を粘り強く、繰り返し説き続けることで、従業員がコンプライアンスやリスクを自分事化する環境を意図的につくり、組織風土や文化として定着させていくことが大切です。

「伝える」のではなく「伝わる」ようにすること

コンプライアンスを理解してもらうにあたって、伝えるだけで済ませることも少なくありません。しかし、「伝える」だけで従業員の意識を変えることは簡単にできません。本気でコンプライアンス意識を定着させたいのであれば、従業員に「伝わる」ように工夫しなければなりません。

「伝える」ことと「伝わる」ことは、似て非なるものです。「伝える」ことは、一方的に伝えるだけですが、「伝わる」ようにするためには、理解し納得してもらう必要があります。そのためには、従業員一人ひとりが自分事化できるよう様々な施策をプロデュースできるかがカギとなります。

従業員の意識を変革するためのきっかけとして、教育・研修は不可欠です。しかし、教育・研修だけで意識を変革するには限界があります。限られた経営資源で、効率的・効果的に意識変革を促すためには、誰に、何を伝えるのかを明確にし、どのように伝えるのかを考えたうえで、体系的な取組みとすることです。

たとえば、学校を卒業したての新卒を対象とした新人研修ならば、座学の研修でも相当程度の効果をもたらすことができます。しかし、二〇年、三〇年と経験を積み一定の業務経験をしてきた従業員の場合、自負心もあり、また、自分なりのやり方や価値観が形成されているだけに、時には業界の古き慣習が染みついている場合があります。そうした人を対象に年に数回程度の教育・研修で、意識を変えることは簡単ではありません。

つまり、誰に、何を伝えるのかを明確にしたうえで、どのような伝え方、取組みを行うかを決めなければ、効果が低い教育・研修になりかねません。意識変革を促したい対象者の特性を踏まえたきめ細かいアプローチを検討する必要があるのです。

また、意識変革のためには、日々の業務に直結させた日常的な「啓発活動」を行うことが不可欠です。教育・研修を通して趣旨や背景をしっかり伝えることで、問題意識を啓発するきっかけとし、納得感をもって腹落ちした理解を促す一方で、日々の業務の中でコンプライアンスに取り組む意味を意識できるようにします。たとえば、経営トップなどのブログやメッセージ発信、朝礼での共有、１on１ミーティング、人事評価制度への盛り込み、自組織のオリジナル手帳の配布、ＰＣの待ち受け画面への表示等、様々な施策があります。これらの施策を従業員視点から意識変革につながるようにプロデュースしていきます。

習慣を変え、環境を整える

「自分事化」と「常時思考」の環境を用意する

繰り返しになりますが、一つの施策で人の意識を変えることはできません。日常的に継続した啓発活動を行っていき、組織風土を変革させ、組織文化として定着させる必要があります。その際に大切なことは、日々の生活の中でも、何事も自分事化する意識をもたせるとともに、常に考え続ける思考（常時思考）の訓練の機会を設けることです。

自分事化するための訓練の例として、ラベルやラベルプリンタの製造・販売メーカーのサトーホールディングスが組織的に展開していることで有名な、「三行提報」は参考になります。

「三行提報」とは、終業前に、部下がその日の業務で気づいたこと、感じたことを三行程度にまとめて上司に報告し、上司は翌日返事を返すということを行う取組みです。毎日、何かしらを報告するためには、日々の業務の中で常に考えながら仕事をしなければなりません。こうした報告は何も考えずに仕事をしている従業員には苦痛でしかありません。常に考える習慣が身につくことで自分事化を促すのはもちろんのこと、上司にとっても部下の変化に気づく機会になります。

その他、様々な組織が取り組んでいる「カイゼン活動（工場の生産現場の作業効率や安全性の確保を見直す活動）」や「提案箱制度（新しい提案を誰もが社長にできる制度）」の中に組み込んでいくのも良いと思います。いずれの方法であれ、常に考える機会を与え続けることです。

また、一つの課題に対し、二〇の解決策を考えるよう命じることも効果的かもしれません。ネプチューン・スピア作戦（国際テロ組織アルカイダの最高指導者、ウサマ・ビンラディン殺害計画）の際、米国のオバマ大統領（当時）が二〇個の案をもってくるよう命じたのは有名な話です。関係者間の対話からは様々な発想を出させ、あらゆる可能性を徹底して議論した結果、三七個を超える作戦が出てきたといいます。

日々の業務に流され物事も徹底して十分に考える機会が減ってないでしょうか。こうした視点をコンプライアンス研修に取り入れ、定期的に、特定のテーマを徹底して考え抜く機会をつくることで、一つの物事を徹底して考え抜く習慣をつくっていきます。

「Why?」と考える習慣をつける

リスクに対するリテラシーを高めることを阻害する最大の要因は、「無関心」です。あらゆる物事に対して「Why?」と疑問をもち、興味関心をもったうえで、対話のできる組織風土をつくることが必要です。

そのためには、日常的に（例：日々の会議など）「なぜ、なぜ、なぜ」と考えることを習慣化するためにも、研修に取り入れて定期的に訓練することが大切です。「学問」とは、熟語が示すとおり、知識を学ぶことではなく、「問い」を学ぶことです。「問い」を徹底して考える習慣をつけることは、知識を活用した訓練になるのです。

図表8-1に、世界の賢人たち五〇〇〇人から集めた一〇〇個のWhyの一部を紹介し

図表 8-1　世界の賢人たち5,000人から集めた100の Why

テレビには強力な情報伝達の力があるが、なぜ人類は意味のない情報を伝えるためにテレビを利用するのか。
世界中の人類が必要としている食料を生産しながら、その食料を必要としている人たちに行き渡らないのはなぜか。
中国人一人ひとりが自動車をほしがったら、どうなるのか。
子どもに教える必要がある最も大切な三つの価値とは何か。
安全のためにわれわれの自由はどのくらい束縛されるのだろうか。
時間を節約する目的の一つひとつの発明が、私たちの暮らしにますますストレスを加えているように思えるのはなぜか。
われわれが人類の生命を他の生命より価値があると考える根拠は何か。
今日の教育制度で子どもたちの可能性が引き出せるか。

出典：『会社員のための CSR 入門』大久保和孝他著、第一法規より一部抜粋

ます。

一見、当たり前のことでも、あらためて考えると唸るような問いばかりです。センシティビティを高め、意識を変革させるためにはコンプライアンスの話題に限らず、身の回りで起きていることをあらためて見直し、「Why?」を考える習慣をつくることが大切です。徹底して「Why?」を考える過程で、思考力が磨かれ、自然に自分事化力が高まります。

リベラルアーツ的思考力を鍛錬する

コンプライアンス意識を浸透させるためのカギは、①環境変化をとらえ、②自分に置き換えて考え、③具体的な行動を促すという、三つのステップを繰り返し続けることです（図表8-2参照）。

コンプライアンス研修の多くは、一見すると、常識的な話にすぎないと感じてしまい、自分事と受け止められず、真剣に考えることもなく、聞き流されることが多いのも事実ではないで

図表8-2　コンプライアンス意識浸透のための3つのステップ

ステップ	具体例
①環境変化をとらえる	例：最近の不祥事の特徴は？
②自分事化をする	例：自組織や自分にあてはめるとどうか？
③具体的な行動を促す	例：環境変化に適応するためには、どのように行動したらよいか？

しょうか。当たり前に思えることや他人事を自分事としてとらえられるようになるためには、リベラルアーツ的思考力の鍛錬が大切です。

リベラルアーツ的思考力を身近で鍛錬する方法としては、新聞記事等の活用があります。新聞や雑誌等のスポーツ欄と殺人・ゴシップ欄以外であれば何でも良いので何かテーマを取り上げ、部下との対話の機会を設けます。そこでは、単なる感想を述べ合うのではなく、事案の概要を理解し、背景や原因を推測して想像力を高めながら、自分たちにあてはめつつ、対話します。

一見、自分たちとは関係ないように思える日常の出来事を自分の身の回りの仕事などに置き換えて考える訓練をすることで、物事を自分事化する習慣をつくっていきます。身近なニュースを通して考えることでセンシティビティが高まり、対話を通して自分事化がなされ、結果として具体的な行動へとつながっていくはずです。

こうした考えをコンプライアンス研修に応用します。たとえば、行動規範ほど面白くないものはありません。しかし、一見、当たり前のことしか書かれていないようにみえる行動規範も、対話を通して行間を探ることで、想像力を鍛錬し、腹落ちした理解を促し、コンプライアンス意識を高めることにつながります。とくに、日本語の形容詞や副詞で表現されている言葉を中心に対話します。これらは一見、わかりやすくみえますが、具体的に何を指しているのかという視点でみると、曖昧で抽象的な表現に留まっているのが事実です。行動規範に書かれている一つひとつの文言に対して、言葉の意味や自身が抱える問題意識などを投げかけ、あてはめながら、対話をしてみてください。一つの言葉から色々なことが想像できます。

たとえば、「情報を漏らさないように」と行動規範に書かれていたとして、そこから連想できるものを考えたり、自分自身の行動を振り返って考えてみてください。

そうすることで、「そういえば、職場仲間に居酒屋などの飲み会の場で、つい顧客の話をしてしまった」と自省が促されることもあります。当たり前のことが書かれているように思える規定でも、実際の行動が伴っていないことに気づくことで、行動規範の自分事化を促し、コンプライアンス意識を高めます。

すなわち、行動規範は「当たり前のことが書かれた説教本」ではありません。「自組織で起きている課題の集積」ととらえるべきです。だからこそ、一つひとつの文言と対話して、行間を読み取り、語彙から生じる行動を想像する訓練をすることで、行動規範に対する納得感と共感を得ることができるようになり、強制されることなく、自発的に行動規範に沿った行動をとるようになっていきます。四半期に一回、半日程度、行動規範をベースに仲間で互いに論じ合う時間を確保してみてください。行動規範は、強制されて身につく

図表8-3　マインドマップを利用して議論する例

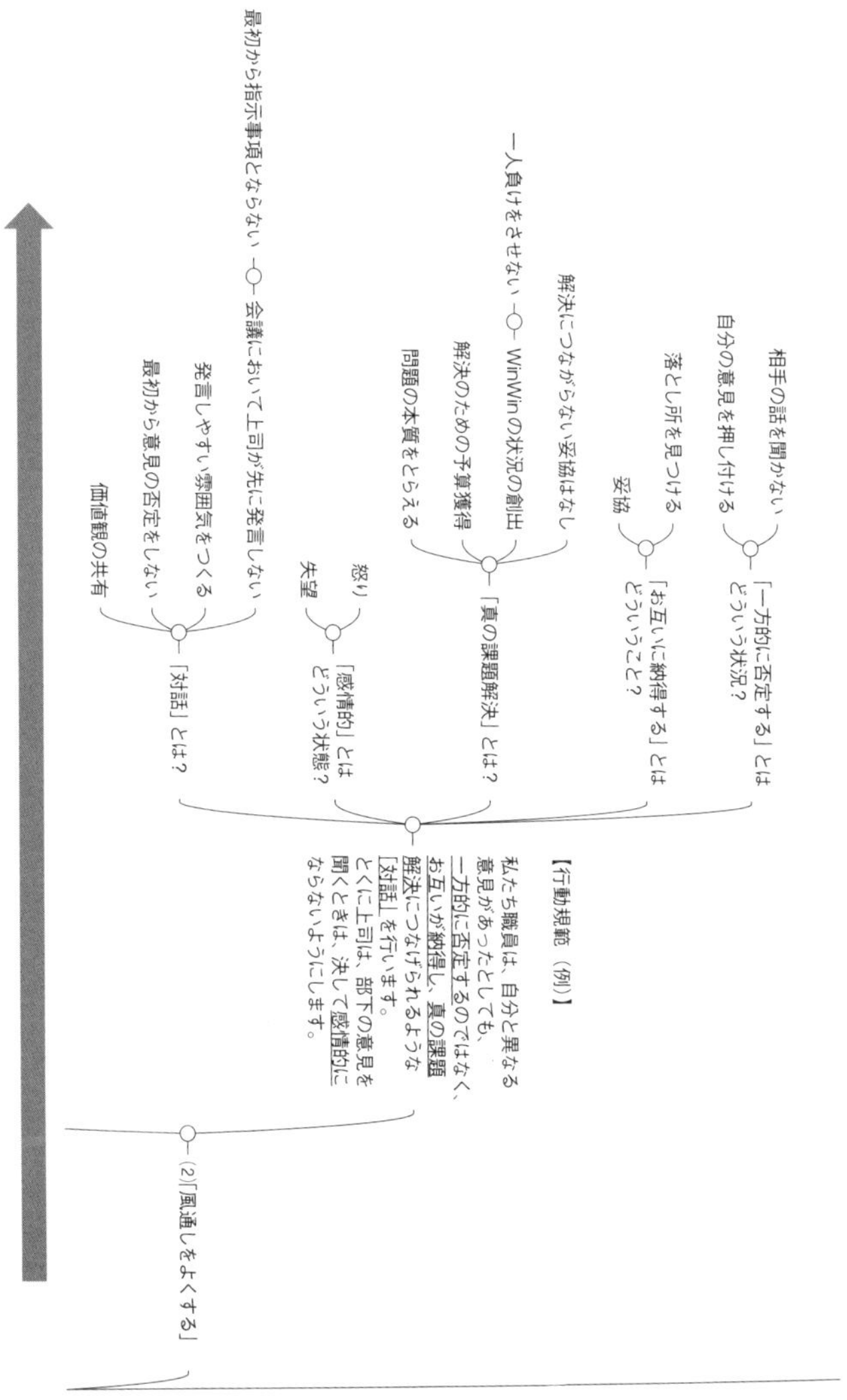

ものではありません。いかに内発的動機づけをできるかが実効性を左右します。

前頁に、対話していく実例を紹介します（図表8-3）。マインドマップなどを使いながら言葉の一つひとつを深掘りしていくのがいいと思います。

なお、行動規範の浸透は、eラーニングで行うのは、ほぼ意味がありません。むしろeラーニングで行うのはもってのほかです。eラーニングは、知識を一方的に伝達することしかできないからです。

効果的な研修計画の立案方法

研修計画の立案には、研修の目的と得られる効果を踏まえた視点をもつことです。効果的な研修を行うためにも、集合研修は何かを「伝える」場とするのではなく、「伝わる」ためにどうすべきかを考えることです。研修によって、前提となる基本的な知識を習得してもらうことは不可欠ですが、知識を習得するだけであれば集合研修以外の方法もたくさんありますし、知識があっても行動につながらなければ意味がありません。

集合研修は、忙しい業務時間を割いて、関係者が一堂に会する貴重な機会なので、この貴重な機会をどのように生かすかが重要になります。そのためには、必要な知識は事前に周知・会得しておいてもらったうえで、このような貴重な機会には、そこでしかできない「対話」を中心とした形式とし、自分事化を促せるような企画とすることです。

ただし、対話が、単なる言いたいことを言って自己満足して終わるということがないように注意が必要です。研修ではしっかり考える時間とし、例えば、リベラルアーツ的思考力を鍛錬できるようなプログラムを中心に組み立てるなど、リスクに対するリテラシーを向上させられる機会となるように工夫します。

体系的な研修計画を立案するために

研修に割ける時間には限りがあります。限られた時間を生かして効果的な研修を行うためには、綿密な研修計画の立案が不可欠です。そのためにも、

①何を（例：コンプライアンス概論／情報セキュリティ／行動規範）
②誰に（例：役員／管理職（部長・課長など）／一般社員／新入社員／中途社員／派遣社員など）
③どのタイミングで（例：半年に二回／年一回）
④どのくらいの時間をかけ（例：一〇時間　※年間で研修に費やせる時間を算出）

⑤どのような方法で（例：集合研修／eラーニング）行うのか、体系的かつ、戦略的に検討します。

とくに、限られた時間の中で意識を変革させ、組織風土として定着させるためには、三～五年の長期的な視点を踏まえたうえで、年間計画を立案することです。なお、研修の効果をより高めるためには、従業員に対して研修の目的を明確にし、繰り返し伝えることです。研修計画の全体の明示と、各研修プログラムの目的や趣旨を繰り返し周知することで、納得感をもって研修に臨めるようプロデュースしましょう。

研修目的・研修時間・タイミングを考える

研修計画の作成にあたっては、まず、研修の目的・研修にかけられる時間・タイミングを明確にし、関係者の合意をとることです。

コンプライアンス研修を盲目的に実施していませんか？　研修の目的を具体的に明示せず、毎年恒例の行事のように繰り返されている場合、受講者は「またコンプライアンス研修か」という気持ちになり、研修が物理的な負担として受け止められ、モチベーションの低下につながる可能性があります。

受講者が納得感を得ながら自発的に研修に参加してもらうためには、まず、コンプライアンス研修の目的を共有できるように繰り返し伝えることが重要です。その際、年間の業務時間の何％（何時間）をコンプライアンス研修にあてるのかを具体的に示しましょう。そして、それを受講者に提示し、各自が何のために、何を、どの時期にどの位時間をかけて実施するのか全体像を把握できるように示すことで、受講者の納得感を引き出すことです。

たとえば、年間の法定労働時間が二〇二八時間である場合、その１％を割り当てると約二〇時間となります。コンプライアンスが重視される現代において、年間１％程度の時間をコンプライアンス教育に充てることは適切ではないでしょうか。

年間の総研修時間に加え、実施するタイミングも重要なポイントです。たとえば、年間で総研修時間として八時間が割り当てられている場合、その時間を一日の集中研修として実施するのか、半年に一度四時間ずつ行うのか、あるいは四半期ごとに二時間ずつの研修を行うのかといった、決められた総研修時間の使い方には様々な選択肢があります。

たとえば、研修を深く行いたい場合は、一日集中して実施する研修が効果的ですが、受講者の意識改革を目指すのであれば、四半期ごとに二時間ずつ繰り返し行う方が効果的です。このように、研修で何を達成したいのか、どのような目的で研修を実施するのかを明確にし、その目的に応じて時間の使い方を検討しましょう。

研修対象者を考える

次に、誰に対して行うのかを考えます。役員・管理職・新入社員・中途社員・非常勤社員（派遣社員を含む）など、研修の対象者は多岐にわたりますが、とくに、対象外になりがちな中途採用向けや非常勤社員も対象に入れて考えましょう。非常勤社員にも特定の重要な業務を継続的に任せているケースがあるからです。

また、小規模な組織であっても、すべての職階の人が一緒に研修を行うことは避けるべきです。少なくとも、経営幹部（役員・管理職）とそれ以外の職階の人々で、別々に実施することが望ましいです。各自に研修を自分事化してもらうためには、同じ内容であっても、対象者に合わせて、話し方や視点を変えて伝える必要があるからです。

研修内容を考える

さらに、研修内容の整理も必要です。研修しなければならないテーマはたくさんあります。しかし、先程も述べたとおり、研修に割ける時間は限られています。そのため、限られた研修時間の中で、効果的かつ効率的に伝えていくためにはどのテーマの研修から行うべきか、という視点からプログラムをつくることが大切です。

研修プログラムを大きく整理すると、次のとおりです。

①コンプライアンスの基本概念の周知・啓発
②行動規範、経営理念等を通した会社の考え方の伝達
③個別具体的な法令等、環境変化に伴い運用が変わっているルールなど、具体的な知識の習得
④リスクに対するリテラシー向上のために必要な能力（センシティビティやリベラルアーツ的思考力、第４章で紹介した五つの力など）を鍛える訓練

これらの中には組織に定着させるために、繰り返し実施しなければならないものもあります。たとえば、①は三年に一度は繰り返し啓発しつつ、②は、環境変化に応じて原点に立ち返る必要が生じた際に行うほか、三年に一度くらいの頻度で行い、③の研修は、常時行います。

そのうえで、不祥事予防の視点から最も必要なのは、④にフォーカスした研修です。不祥事になる事案の多くが、リスクに対するリテラシー不足を根本の原因としているからで

す。

研修方法を考える

研修対象者と内容が決まったら、最後は、限られた制約条件（時間や予算）の中で行うために、最も効果的な研修方法は何かを考えることです。

たとえば、知識の共有を目的とした座学、リスクに対するリテラシーを高めるための対話、アンケート結果を活用した意識啓発を目的とした研修、日常的に触れられるようなニュースなどを題材にした対話など、様々な方法があります。また、実施方法も、ライブ講義、オンライン講義、eラーニングなど手段も多様化しています。目的に応じて、これらの方法を組み合わせていくことです。なお、対話にあたっては、ホワイトボードやマインドマップの活用が不可欠です。対話内容をその場で言語化し、可視化しながら意見をまとめていきます。とくに、論理的思考の深掘りにはオンラインでも活用できる、マインドマップが極めて効果的です。マインドマップでは、深掘りした論点がツリー状に展開され、論点が整理され全体の関連性や共通点が視覚化されるため、論理の根底にある「推論」の議論がしやすく論理的思考力を高めます。

それぞれの研修方法の具体例をあげると、新人や若手社員の、基本的な知識の習得を目的とするのであれば、二カ月に一度など、頻度を決めて、基本的な知識を繰り返し伝達します。知識の習得であれば、eラーニングとテストの併用が効果的です。なお、基本的な知識の習得を目的とする場合は、習得すべき知識が会社によって変わるということは少ないため、各種団体が主催しているコンプライアンス検定試験の受験をしてもらうなど、外部を活用すると、限られた研修時間の中で効果的に基本的な知識を身につけることができ、手間も減るので良いかもしれません。

また、組織風土を変えるのが目的なのだとすれば、最初は経営幹部を対象に行うべきです。なぜならば、経営幹部の言動が変われば組織風土も変わるからです。その場合、まずは第一段階として、経営幹部のリスクに対するリテラシーを向上させることを目的とし、最初に二時間ほどの座学研修で「感性」に訴えかける刺激的な話を意図的に行い、その後、二〜三カ月してから三〜四時間ほど徹底して考え抜く「対話」を行います。この対話を通して研修内容を自分事化してもらいます。そして、その後、第二段階として、今度は経営幹部が自ら講師となり現場の従業員に対して講師として実践してもらい、組織内部にカスケードしていきます。こうしたことを年間計画に盛り込みます。

筆者の経験的には、このようなプログラムを三年粘り強く繰り返していくと、意識変革が難しいベテラン従業員であっても、意識が変化しはじめます。

意識変革を促す研修方法の例

物事を自分事化して考える習慣をつけるためには、eラーニングや座学研修で基本的な知識を共有したうえで、「対話」を導入し、研修の進行を工夫することです。

大規模な研修では質問を引き出そうとしても手を挙げて積極的に発言する人は少ないと思います。そもそも、コンプライアンスのようなテーマの場合、講師の話を聞いた直後では質問が出にくいことがあります。しかし、質問は自分事化を促すので、ぜひ多くの人に質問をしてほしいところです。

そこで、スマホなどを利用して質問ができるようにするなど、質問しやすい環境を整備することです。そのほか、研修終了後一〇分程度、四〜五人の少人数のグループで討議する時間を設け、研修で学んだことを振り返り、疑問に思ったことや質問などを整理したうえで、全体討議の中で質問を促すなどは効果的です。少人数の討議の中で他人の意見に触れながら自分事化して頭が整理されていくと、質問ができるようになります。その他、講義を短く区切って、都度、質問の時間をつくって自分事化を促すのも一案となります。

こうしたことを繰り返すことで、自分事化を促しつつ、質問がしやすい環境と、風通しの良い組織風土を醸成していくことが大切です。

なお、研修を実施するにあたっては、「批判よりも提案を」、そして、「思想から具体的な行動へ」をモットーに行いましょう。「対話」の中で問題の指摘や評論をしているだけでは、「文句」をいっているだけなのと変わりません。「文句」があるならば、解決策とセットで指摘をすることを習慣にすると、ポジティブフレーミングでの前向きな対話を実現できます。課題を自分事化し、前向きな「対話」を定着させることが、リスクに対するリテラシーの高い組織をつくるためのベースになっていきます。

啓発活動の立案のポイント

啓発活動を効果的にするために

「啓発活動」を効果的にするためには、「従業員視点」で考え、共感や納得感を引き出せるように配慮し、年間を通して常時、何かしらの形で行っていくことがポイントです。ただし、研修の実施時期や頻度、人事部が行う研修との連携などの、各施策とのバランスをとり、従業員の負担感を増やさない配慮も大切です。

また、現場の負担感をもたらさない程度に小さな啓発活動を積み重ねつつ、研修計画と連携させることで、一連の施策に一貫性をもたせることです。以降で、主な啓発活動としての例やコンプライアンス推進の施策を解説します。

意識調査・組織風土調査

一般的に、意識調査・組織風土調査（以下「意識調査等」）は、現場の実態を把握することを目的として行われます。ハラスメントの検出・防止に効果的であるほか、組織風土の傾向を把握することも可能です。コンプライアンスへの取組みの第一歩は現状把握にあり、そのため意識調査等の実施は不可欠です。しかし、調査を行うだけで具体的な改善策に着手できないまま、三年以上（または三回以上）繰り返すと、従業員からの信頼を失い、アンケートへの回答もマンネリ化し、有益な結果が得にくくなるため注意が必要です。

意識調査等により、ある程度内在するコンプライアンスリスクを洗い出すことができたら、適宜、質問項目の見直しを行います。当初の目的である現場の実態調査の把握がある程度達成されたら、次の段階として、質問項目に伝えたい内容を組み込むのも一案です。つまり、アンケート回答の際に、質問を読んでもらうことで、質問を通して考え方を浸透させることができるのです。このように考えることで、意識調査等を啓発活動の一環として、意識変革を促す手段に位置づけるのです。たとえば、行動規範などを配布しても、読まれないことが多いのも事実ですが、アンケートは協力的に行われることが多く、回収率も把握できるため、内容を読んでもらえる可能性が高くなります。また、アンケートに回答する過程でも、質問をしっかりと読み込んでくれることも期待できます。それゆえに行動規範から引用した文章を質問項目に入れることで、アンケートを通して確実に読んでもらうことが可能になります。

最近では、アンケート調査のサービスやアプリも多様化しており、簡単に実施できるようになっています。アンケートの頻度については、平時であれば二年に一度しっかりしたものを実施し、その間に簡易的なものを行うのも一つの方法です。アンケートを回収し、分析して対策を講じるまでに一年ほどかかるため、二年おきくらいに実施するのが適当だと思われます。

ニュースレター作成と作成のポイント

コンプライアンスのニュースレターを作成することは、啓発活動の一環として有効です。こうしたニュースレターはメールで配信されることが多いかもしれませんが、より多くの人に読んでもらうためには、ペーパーレスの時代であっても、組織として伝えたい重要な内容として、表裏一枚の紙で配布するなど、物理的に目に触れる形にする方が効果的な場合もあります。

他方で、そもそもコンプライアンスのニュースレターは、あまり読まれないことが多いのも事実です。重要なのは、読み手の立場に立って、企画・編集できるかです。組織が伝えたい内容を押し付けたり、お説教じみた文章は避け、有識者のコラムや、右脳に訴えかける具体的な事例を取り上げるなど、読者が「読みたい」と思える内容を提供する工夫が必要です。

具体的には、潮目を読む力を養うために、週刊誌のように他社の不祥事事例の分析を取り上げることも効果的です。また、組織が伝えたいことは文書の最後に配置するなどして、従業員にとって読みやすい流れを意識することも重要です。デザイン面も含め、できるだけ読みやすい内容に心がけ、読み手側の立場に立ったものを作成しましょう。

人事部門と連携しリーダーシップ教育を

第4章で述べた、コンプライアンスリスクに対するリテラシーを向上させ、組織を変える五つの力は、実は、コンプライアンスに限らずあらゆる分野で必要な能力です。人事部門は独自に様々な施策を推進しているかもしれません。部署ごとに取り組むのではなく、各部門が連携して従業員視点に立ったプログラムを構築すべきです。

とくに、マネジメント教育やリーダーシップ教育は、リスクに対するリテラシー向上のための教育訓練と表裏一体で取り組むべきです。自社で課題となっているリスク解決に向けた対話を、論理的思考を鍛える研修の一環としてとらえるなど、人事部と連携して取り組むことが効果的です。

このように他部署と一体で取り組むことで、たとえばコンプライアンス研修の「対話」の場に人事部門や内部監査部門がオブザーバーとして参加してもらい、受講者の様子からリーダーシップの適性や性格、伸ばすべき能力などを把握することも可能です。これにより、適材適所の配置に役立つだけでなく、内部監査に有用な情報を得ることもできるかもしれません。

行動規範の策定を通した意識啓発

持続可能な経営を実現するためには、単に法令を遵守するだけでなく、社会からの要請にも対応する必要があることは繰り返し述べてきました。しかし、すべての法令や社会的要請に対応するのには限界があります。そこで、何を優先的に、どのような基準で取り組むべきかを明確にするために、行動規範を作成する必要性は述べてきました。ただし、経済団体などの雛形をそのまま使った教科書的な行動規範では、他人事としてしかとらえられず、従業員の納得感を得ることが難しくなります。

そこで組織全体が同じ方向を向くためにも、自社の状況を反映させた独自の行動規範を作成することです。その際、従業員を巻き込みながら作成することで、行動規範の作成プロセス自体を啓発活動とすることです。この作成プロセスによって、行動規範に対する従業員の納得感を高め、コンプライアンス意識の向上につなげることを可能にします。

なお、昨今の潮流としてコンプライアンス強化が進む中で、守るべきルールが増加しているのも事実です。しかし、人間の記憶力には限界があるため、ルールが多すぎると逆に思考停止を招き、大切なルールを見失い、重大な事故を誘発する危険性さえあります。

そのため、行動規範の策定では、個々のルールを守らせることに重きを置くのではなく、自分たちを取り巻く環境がどのようなものであって、社会から求められていることは何なのかを明示し、なぜその行動規範を守るのか、守った先に何を目指しているのかなど、本質的な理解を促すものとすることです。

また、行動規範は、時代に合わせ、常に変化させていかねばなりません。行動規範は、従業員が判断に迷ったときの判断の拠り所でもあります。しかし、判断の拠り所が時代に適していなかったら、不祥事を防ぐどころか、むしろそれが原因で不祥事に発展しかねませんので、注意が必要です。

リスク抽出の集中討議&合宿

経営資源に限りがあり、すべてのリスクに完璧に対応することは物理的にも不可能なことは繰り返し述べてきました。そのため、重要なリスクを抽出し、優先順位をつけて優先度の高いものから集中的に対応する必要があります。その際、従業員のリスクリテラシーを高める観点から、リスク抽出の取組みにできるだけ多くの関係者を巻き込むことも一案です。

無論、組織が大きくなるほど大変な作業となりますが、現場が納得感をもって取り組むためにも、組織をリードする主要なメンバーを選出するなど、より現場に近い従業員からリスクを拾い上げられるよう、リスク抽出のための「対話」を全社に展開していきます。

具体的なやり方として、次の方法をおすすめします。

① 「三〇～四〇代」の未来志向をもつ世代
② 「討議の参加者として相応しい従業員」を個別に指名
③ 「いつもとは異なる環境」で
④ 「金曜日から土曜日」にかけて

⑤「一泊二日」の合宿を行い、討議する

まず、①「三〇～四〇代」のメンバーについては、業務をある程度理解できている一方で、立場ゆえに自由な発言が難しい幹部クラスよりも、未来志向で自由な発想をもちつつも、現状の問題意識と向き合いながら課題を解決したいという気概のある者を指名します。こうした人材であれば、年齢にこだわりはありません。

②「討議の参加者として相応しい従業員」とは、ある程度業務に精通しており、未来志向でありつつも現状と向き合い、課題についても意見をはっきりといえる者です。問題意識をしっかりもった者を選出することで短時間での会議でもしっかり効果を上げることが期待されます。その意味では、人選を各部署に丸投げするのではなく、各部署とも相談をしながらも、特定の人を指名する方が効果的です。

次に、③「いつもとは異なる環境」で行うことによって、新鮮な気持ちで組織を見つめ直すことができます。議論する時の環境を変えることも重要なのです。

④「金曜日～土曜日」としたのは、最も集中できるタイミングの例としてあげました。週末が休みの場合、平日の真ん中に一定の時間を使うと、業務の連絡等が間に入るなど集中できないことがあります。他方、週末のすべて使うとなると、モチベーションを下げか

ねません。組織によって状況も異なりますが、大事なポイントは、「集中できる環境」と「モチベーションの維持」が両立できるタイミングを選択することです。

そして、最後の⑤「一泊二日」です。一般的な日本人は、自由闊達《かったつ》な意見が出るまでに相当な時間がかかります。筆者の経験からすると、とくに部署を超えたコミュニケーションにおいて本音や本質的な課題を引き出すためには、一泊二日くらいの時間をかけることが必要です。標準的なパターンでは初日の前半は課題を出し合い、共通の問題意識を引き出すところぐらいで終わります。夜の懇親会等でさらに議論を深めます。そうすると翌朝は、気持ちも新たに、問題点の指摘から解決策を考える前向きな議論へと自然に変わっていきます。参加者には問題点を指摘するだけでは何も解決できないことを理解してもらったうえで、いかに具体的な行動を促せるかについて意識を向かわせることができれば成功です。

筆者の経験からは、一泊二日で議論すると、平均的に約一〇〇個前後のリスクが出てきます。これらを整理しても、三〇個前後の重要と考えられる具体的なリスクが残ります。このようにして出てきたリスクは、いずれも本質的な課題であることが多いです。

リスク抽出の集中討議&合宿は、理想的には一グループ四～五人×五～六グループ＝合計三〇名前後、最大でも三六名以内で編成します。グループごとにホワイトボードやマインドマップを活用し、ステークホルダー別・機能別・業務別など、参加者それぞれの観点から議論を深掘りし、課題を自分事化しやすい環境をつくります。リスクの抽出にあたっては、できるだけ具体的なリスクを、できるだけ多く抽出することです。

なお、研修の進め方の一例ですが、研修の前に、各組織の風土や事業環境、予算等の制限をあらかじめ整理しておき、議論の趣旨目的を再確認しながら、解決に対して必要な要素は何かを徹底して考えられるようにしておくことです。このように、リスク抽出の集中討議&合宿を効果的にするためには、事前に参加者に対して集中討議&合宿の趣旨、目的を十分に理解しておいてもらうことも大切です。問題意識を共有したうえで、臨むことです。

体系的な整理とリスク評価

なお、リスク抽出だけで満足してはいけません。抽出したリスクを次のアクションにつなげるために、Excelなどに記入して「リスクシート」を作成します。

効果的な施策を検討するためには、次のような「リスクシート」を作成します。まずはじめに、次頁図表8-4のリスクの具体的な課題「×××」の欄に討議で出された生々しい具体的なリスクを羅列して記入していきます。必要に応じてアンケートなどで出てきた

図表 8-4　リスクシートの例

リスクについてどういった状況が該当するか簡単な概要を記入 ↓（リスクの概要）

リスクが実際に発生した場合に、会社が受ける影響を記入 ↓（リスクが発生した際の影響）

リスクについて発生可能性と影響度の2つの観点から評価
※評価の方法は、第9章参照 ↓（コンプライアンスリスクマップでの評価）

カテゴリー	ステークホルダー	リスク	リスクの概要	リスクの具体的な課題	リスクが発生した際の影響	コンプライアンスリスクマップでの評価	
						組織への影響	発生可能性
組織風土	経営者	経営陣の独立性の欠如	報酬が経営に連動しない、役員選任のためのプロセスが不透明であるなど、経営陣が株主や会社から独立していない。	×××××××××× ×××××××××× ××××××××××	経営陣が暴走するなどによって、会社に損失を与える。		
情報管理	従業員	情報漏えい	社員や委託先の従業員による意図的・不注意など、人的な要因による、個人情報等の流出が起きやすい状況にある。	×××××××××× ×××××××××× ××××××××××	イメージダウンや顧客離れ。		
業務プロセス	従業員	インサイダー取引	インサイダー取引が行われる条件がそろっている。	×××××××××× ×××××××××× ××××××××××	イメージダウンや顧客離れ、行政処分。		
サプライチェーン	取引先	不適切な取引	反社会的勢力等との取引が行われる可能性がある。	×××××××××× ×××××××××× ××××××××××	イメージダウンや顧客離れ。		
海外子会社管理	従業員	事故・災害	海外赴任者や出張者が誘拐等の事故などに巻き込まれる可能性がある。	×××××××××× ×××××××××× ××××××××××	使用者責任、イメージダウン。		
レピュテーション	社会	不適切なマスコミ対応	マスコミへの対応が場当たり的であり、対応のためのマニュアルなどが整備されていない。	×××××××××× ×××××××××× ××××××××××	社会的信用の失墜。		

具体的な課題も記入します。次に、右から左へと段階的に似通った内容のものを整理していきます。そのうえで、「リスクの概要」欄に似通った複数の具体的なリスクをまとめた内容を記述し、さらにそれらを大きなくくりで、「リスク」の項目としてまとめます。

図8‐4は、右から左へと整理・集約をしている様子を示しています。一般的なリスクシートの作成では、大きな項目を基に、ブレイクダウンする形で細分化する方法をとり、左から右へと記入をすすめることが多いです。管理部門が中心となって基本的な分類を行い、それを基に、具体的な事例を埋めるよう現場に指示するのです。しかし、そのやり方では、管理部門が設定した言葉の記載内容に引きずられ、誘導されてしまい、現場の実態とは乖離したリスク抽出になりかねません。

たとえば、「情報漏えいリスク」について「リスクの概要、リスクの具体的な課題」を考えさせる際に、「ハッキングやサイバーテロ」などといったように一般論を取り上げがちですが、時として、現場とあまり関係のないリスクが設定されてしまい、リアリティのないリスクが抽出される可能性があります。その結果、リスク対話をしても話が進まなくなり、実態をとらえた適正な評価も難しくなります。

それに対して、現場視点で考えると、「オンライン会議中に家族が横で聞いている」とか「居酒屋で仕事の話をする」など、自分事化しやすい身近で起きている具体的なリスクが抽出されると、議論がしやすくなります。具体的であればあるほど、実態に即した評価にもつながります。同じ「情報漏えい」でも「ハッキング」と「家族に聞かれる」というように事象のとらえ方次第で評価はまったく異なります。

なお、リスク抽出の集中討議で抽出した重要と考えられる具体的なリスク、論点や課題を、意識調査の項目に組み込んで、全従業員に展開することも一案です。アンケートを通して全従業員の視点を踏まえることで、現場視点からのより実態に即したリスク評価にもつながります。また、こうして抽出されたリスクのうち重要性の高いものは、組織全体にとっても重要なリスクととらえ、経営理念や行動規範、経営計画と関連づけることで、意識啓発等の対策と一体的に取り組むことで効果的なものとします。そのためにも、最終的には、リスクシートの「リスク」項目について、ステークホルダー別と機能別にリスクを分類するのがいいと思います。ステークホルダー別の課題は行動規範（＝心）に反映させ、機能別に分類した課題は内部統制システムやリスクマネジメント体制（＝仕組み）に反映させることで、心と仕組みが一体となったものになります。

従業員のモチベーションを高め、自発的な行動を促すためには、「経営理念・行動規範」と「それを実現するための仕組み（内部統制システム・リスクマネジメント体制など）」が一致していなければなりません。その意味では、効果的な内部統制システムの構築や現場の納得感・共感を得られる行動規範を策定するためにも、現場に近い具体的なリスクを抽出し、実態に即した評価に基づいて項目を絞り込むなど、実態を踏まえたものを書き込むことが重要です。

「対話」研修の実施

研修で「対話」を効果的なものとするための基本的なステップ

研修の時間を有効活用するためにも研修を、「リスクに対するリテラシー向上を目的とした能力向上のための訓練」の場として位置づけ、「対話」を中心にプログラムを組むことです。

なお、基本的なことですが、「対話」を効果的に導くためにも、次のステップに留意して計画をしてみてください。

【STEP1】事前にリスクリテラシーを高めることを目的としたコンプライアンス研修を実施することを参加者に伝える。その際、事前課題などを出し、「対話」研修に参加する前から意識を高められるようにしておく。

【STEP2】研修当日、研修の目的を再度繰り返し伝え、目的の共有の徹底を図る。また、「対話」のすすめ方のガイダンスもしっかり行う。

【STEP3】「対話」は1グループ四～五人を目安として実施、（目安時間：一テーマ三〇～六〇分）。限られた研修時間内で効果的な議論とするためにも、参加者は、「じっくり考えてから意見をいう」のではなく、気がついたことをどんどん発言したり、ホワイトボードやマインドマップにできるだけたくさんのことを書き出していくよう促す。各人の意見を書き出しまくり、論点を言語で可視化し、共有・整理していくことで、更に考えを深めていく（書き出せた量が議論の深掘りを左右し、研修効果にも大きく影響する）ことが成果を高めるためのポイントになる。

【STEP4】次に、グループごとにまとめた意見を、各グループの代表者が発表する。その際、ファシリテーターは全体を俯瞰しつつ、発表者ではない他グループの参加者を個人名で指名して質問（や発言）を促すなど、参加者全員の自分事化を促し、各人が思考していくよう全体をプロデュースする。

【STEP5】各グループ毎の対話に戻る。全体の場で共有できたリスクや課題を踏まえて、各グループごとに、深掘りを検討するリスクを二～三個に絞り込む。絞り込んだリスクについて、課題は何かについて徹底した原因分析の対話を行う。なお、結論ありきの解決策とならないように留意する一方で、解決策なき原因の究明は実務では意味をなさないため、書き出しは課題だけに留め、頭の中では解決策を思考するように促すのがポイント。

「対話」形式の研修は、通常は三～四時間ほどかけて行いますが、それでも時間が足りません。限られた時間を効果的なものとするためには、これらの留意点を意識して行うことです。また、こうした対話は短時間でも、職場内で繰り返し実施することが有効です。

次に具体的なテーマを取り上げた「対話」形式による研修方法について、それぞれの進め方、留意点を解説します。

研修テーマ1「社会問題」との対話

「対話」形式の研修として、「社会問題」を取り上げた対話が、リスクリテラシーを高める観点からも効果的なテーマとなります。身近にある「社会問題」を取り上げて対話することで、自分事化を促し、リスクリテラシーを高められるようにします。研修のポイントは、社会問題を評論家や傍観者のようにとらえるのではなく、いかに自分事化してとらえてもらえるように促すかです。

まず、どのようにして社会問題を取り上げていくか、

①一つの事例を取り上げ、徹底的に深掘りする方法
②昨今の気になる事例を自由に複数取り上げ、それらを時系列でとらえる方法
③特定のテーマ（労務、セキュリティなど）に絞った事例を取り上げ、そのテーマにおける論点を把握する方法

など、いくつかの視点から対話する方法があります。従業員の意識を、「無関心」の状態から「自分事化」できる状態にもっていくためには、自分の組織において①~③のどのタイプの事例を取り上げることが適切かを考えて選ぶと良いでしょう。

なお、社会問題を取り上げた対話は、研修だけでなく、各部署内で朝礼などの際に、日常的かつ定期的に（例：四半期ごとに一時間程度）行うことが望ましいです。

次に、具体的な進め方ですが、次の四つのステップで行います（対話実施のためのおおまかなステップは、前節に書いてあるため、ここでは社会問題との対話のみに必要なステップを記載しています）。

【STEP1】①～③の中で、取り上げた事例について、グループ内で事案についての事実関係の共有を図る。

【STEP2】そのうえで、「原因（なぜ起きたのか？）」「社会からの要請（なぜ社会から批判を浴びたのか？／社会は企業に対して、何を求めているのか？）」などを各人で考えをグループ内で共有する。その際に、ホワイトボードやマインドマップを活用して「対話」しながら、認識を書き出しつつ、グループ内での考え方をまとめていく。

【STEP3】STEP2で議論された「原因」や「社会からの要請」について、自組織にあてはめて考える（例：○○事件の原因は、自社にもあるだろうか？／自社だと何が起きるだろうか？／自社は社会からの要請に対応できているといえるだろうか？）。

【STEP4】次に、自社で事例と同様の不祥事などを起こさないための「解決策」として、「何ができるだろうか？」を深掘りをしながら考える。

※なお、ここでの「解決策」としての議論は、「批判より提案」の習慣化を目的とし、未来志向の課題解決を促す訓練として位置づけること。

社会問題を取り上げた対話の目的の一つに、取り上げた複数の事例を一つひとつ「点」としてとらえるのではなく時系列で「線」や「面」としてとらえることで社会の潮目を読む習慣をつける訓練も期待します。複数の似たような事例を並べて俯瞰して考えることで、社会の潮目の変化を読み取り、それらを自社にあてはめて考えていくことで、環境変化を自分事化していきます。自社の業界で起きた不祥事を年表形式で整理し、その時々で何が問題とされたのかを分析していくことで、時代の流れを追い（＝線でとらえる）、問題の本質を探るのは先に提案したように有用です。こうした取組みは、社会の価値観や環境の変化を鋭敏にとらえられようになります。

なお、社会問題を取り上げた対話は、コンプライアンス研修として行うほか、各現場でも定期的に短時間でも行うことです。最低でも四半期に一度は、たとえば朝礼などの機会に、その時々に報道された事案をテーマに、何が問題で、自組織にあてはめたらどのようなことが起こりうるのか、といったことの対話を繰り返すことが、従業員のリスクに対するリテラシーを向上させていきます。一時的な研修に頼るのではなく、日々の業務サイクルに組み込んでいくことも重要です。

研修テーマ2「行動規範」との対話

次に、行動規範との対話を紹介します。行動規範は、一見、きれいごとや、理想論が書かれているようにもみえるため、自分事化するのが難しいという実態があります。行動規範に書かれている一つひとつの言葉の意味を理解し、自分事化するためには、文章（言葉）との対話の訓練が必要です。とくに、日本語は形容詞や副詞で表現されている言葉には抽象的かつ曖昧なものが多いので、注意が必要です。

それぞれの言葉が具体的にどのような意味をもっているのか、何を想像するのかを考えることについて対話を通して鍛錬していきます。

グループ形式で「行動規範」に書かれている文章を基に参加者同士での対話を行います。具体的なやり方としては、まず、行動規範の中でも、とくに浸透してほしいパラグラフまたは文章を選びます。次に、参加者に、そこに書かれている文章にある一言一言と「対話」してもらい、各人の考え方をホワイトボードやマインドマップを利用しながら書き出します。その後、参加者同士で、行動規範をどう読んだのか、行動規範に対しての認識のずれがあったか、あったとすればどのような共通認識をもっていけば良いかなどを対話していきます。（図表8-3参照のこと）

たとえば、「お客様の信頼と満足を第一に」という言葉があったとしたら、「信頼」とは何か、「満足」とは何を指すのか、「第一に」というのはどういうことなのか、といった具合に一つひとつの言葉と対話しながら互いの意見を言語化により可視化しながら徹底的に深掘りします。一口に「信頼」といっても、目先の信頼を得ることなのか、長い目でみた信頼を獲得していくのか、人それぞれとらえ方も違えば行動も大きく変わります。

また、「情報は適切に管理して」との言葉があったとしたら、そもそも、ここでいう「情報」とは何を指すのか、「適切な管理」とは何を意味するのか、行動規範が求めていることが実態にあっているのか、現場でできているのか、など、文章との対話を通して、言葉の意味を考えます。

別のやり方としては、行動規範に対して、批判的に「対話」を行うという方法もあります。行動規範に書かれていることは本当に正しいのか、行動規範の考えは社会からの要請からずれていないか、など、行動規範にケンカを仕掛けるような読み方（＝ケンカ読法）をしていきます。その内容自体に疑問を投げかけ、意識して文章と向き合っていくうちに本質がみえます。

なお、行動規範との対話の前に、社会問題を取り上げた対話を行うなど、問題意識を高めたうえで行うと、より自分事化する力が高まった状態となり効果的です。

行動規範との対話を継続した取組みとしていくことで、言葉からの想像力を鍛錬し、リスクリテラシーを高め、自分事化を促し、個人の意識を変え、行動規範が浸透していきます。

「リスクコミュニケーション」のための対話

ちょっとした事件や事故が、不祥事に発展するケースに共通しているのは、現場（とくに役員同士）のリスクに対する認識の差が大きいことです。それぞれのリスクについて、何が問題なのか、どの程度問題なのか、なぜ問題なのか、といった形で具体的に詰めていくと、職場内の立場や部署によって認識がバラバラなケースが散見されます。

役員同士はもとより職場内でのリスクに対する認識を共有することがリスクマネジメントのカギとなります。そのためにも、リスクコミュニケーションのための「対話」を行うことです。なお、リスクコミュニケーションの取り方が重要であるため、次章で詳しく取り上げていますので、そちらを参照ください。

「コンプライアンスに取り組む意味」についての対話

管理職自身が「コンプライアンスに取り組む意味」について納得感をもって理解できていないのに、部下にコンプライアンスに取り組む意味を納得させられるわけがないということは、繰り返し述べてきました。

そこで、コンプライアンスを推進するにあたっては、まず「なぜコンプライアンスに取り組むのか」という問いについて、対話を通じて管理職同士で考えを深め、納得感を得る機会をつくることです。一見当たり前にみえることほど、言葉で具体的に説明しようとすると難しいことに気づきます。実際に「コンプライアンスに取り組む意味」を言語化して話し合おうとすると、具体的な言葉が出てこないことに気づくでしょう。当たり前だと思っていることほど、言葉にして相手に伝えることの難しさがわかるのです。

コンプライアンス部門からの指示だからといった受け身の姿勢や、「すべての法令を守るのは当然だ」という教科書的な回答では、部下は表面的に納得したとしても、心から納得することはありません。そのため、管理職同士の対話を通じて、「何のためにコンプライアンスに取り組むのか」「コンプライアンスに取り組んでどうなりたいのか」を言語化する訓練を行い、納得感のある説明ができるようにします。

なぜ、今、この取組みを行わなければならないのか。取り組んだ結果どうなりたいのか。など、コンプライアンスの必要性について論理的に整理したうえで、パッションをもって言葉で表せなければなりません。語れるようになるためにも、訓練しておくことが必要なのです。

　具体的な対話のやり方としては、ホワイトボードやマインドマップ（図表8-5）を活用し、四つの視点――①背景、②現状の課題認識、③必要性・重要性（以前と比べてどの程度重要度が増したのか）、④目指したい姿――から、参加メンバーそれぞれの考え方を出し合い、対話しながら、最終的には自身の考えをまとめていきます。③必要性・重要性については、誰のために、何が、どうして必要なのかを考えるためにも、ステークホルダー別（社会、取引先、従業員等）の視点か

図表8-5　マインドマップを活用した対話の例

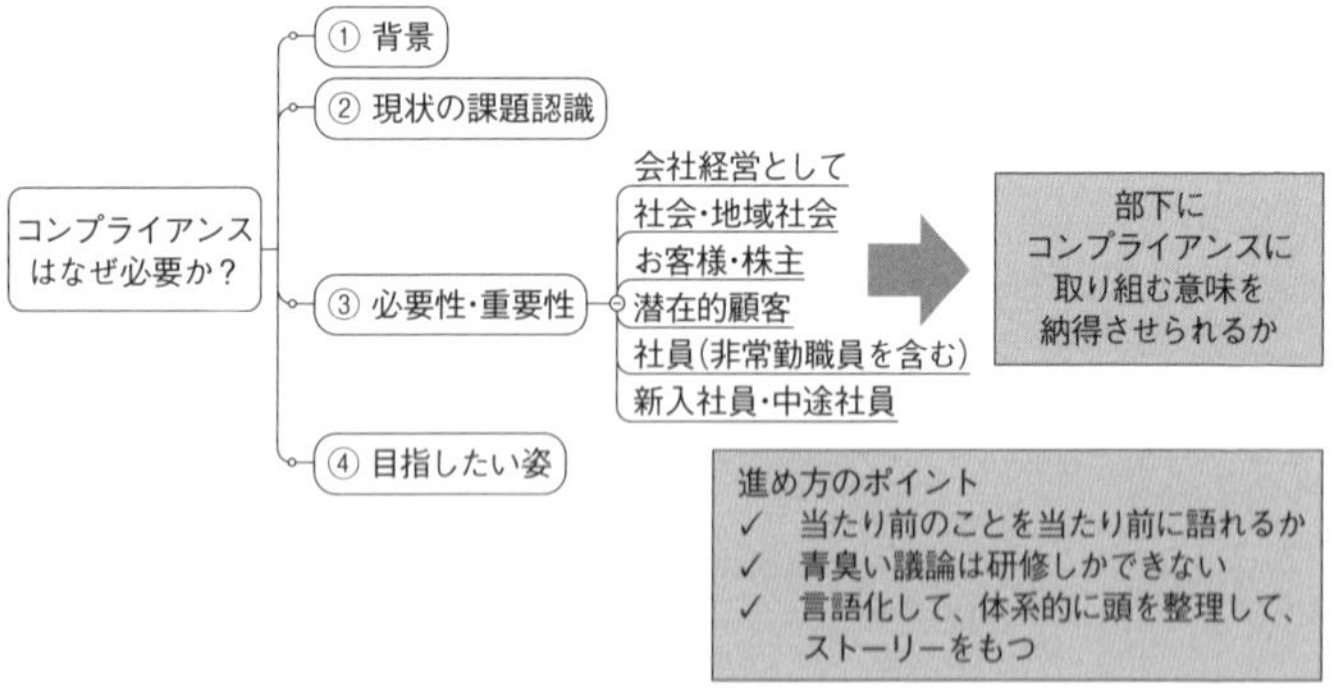

ら考えることも一案です。また、③と④が一貫性をもって整理されると良いでしょう。最終的には①~④を聞き手にとりわかりやすく、簡潔なストーリー（物語）として語れるようになることを目指します。

第9章 「リスクコミュニケーション」を組織に根づかせるために

「リスクマップ」を作成する

最強ツール「リスクマップ」とは

リスクを言語化する際に、定義の認識を関係者間で揃えることが非常に重要です。表現方法によっては、リスクのとらえ方が曖昧になり、認識に大きなずれが生じる可能性があります。とくに、おおまかな抽象概念で表現すると、理解しやすい反面、関係者間で認識の差が生まれやすくなります。この結果、リスク対策が本質的な課題から逸れてしまうこともあります。

したがって、関係者のリスクに対する認識の相違を避けるためにも、「抽象的な概念」を、簡潔にしつつもより具体的に言語化して可視化することが求められます。また、リスク認識を共有するためには、役員同士だけでなく職場内でもリスクコミュニケーションを実践することです。

リスクコミュニケーションが活性化し、職場内でリスクの認識が共有されると、全社一丸となって解決策に取り組むようになります。このコミュニケーションにあたって、「リスクマップ」（図表9-1）を作成し、リスクを俯瞰的に可視化したものを基に対話することです。

ここでいう「リスクマップ」とは、リスクを言語化し、定量評価したものを全社的な視点から俯瞰的に可視化し、一覧性をもたせるツールです。これにより、組織が直面している経営課題についての対話が促進され、リスクコミュニケーションが活性化します。

リスクマップに基づく対話は、対面式とオンライン式のどちらでも行うことができます

図表9-1　リスクマップ

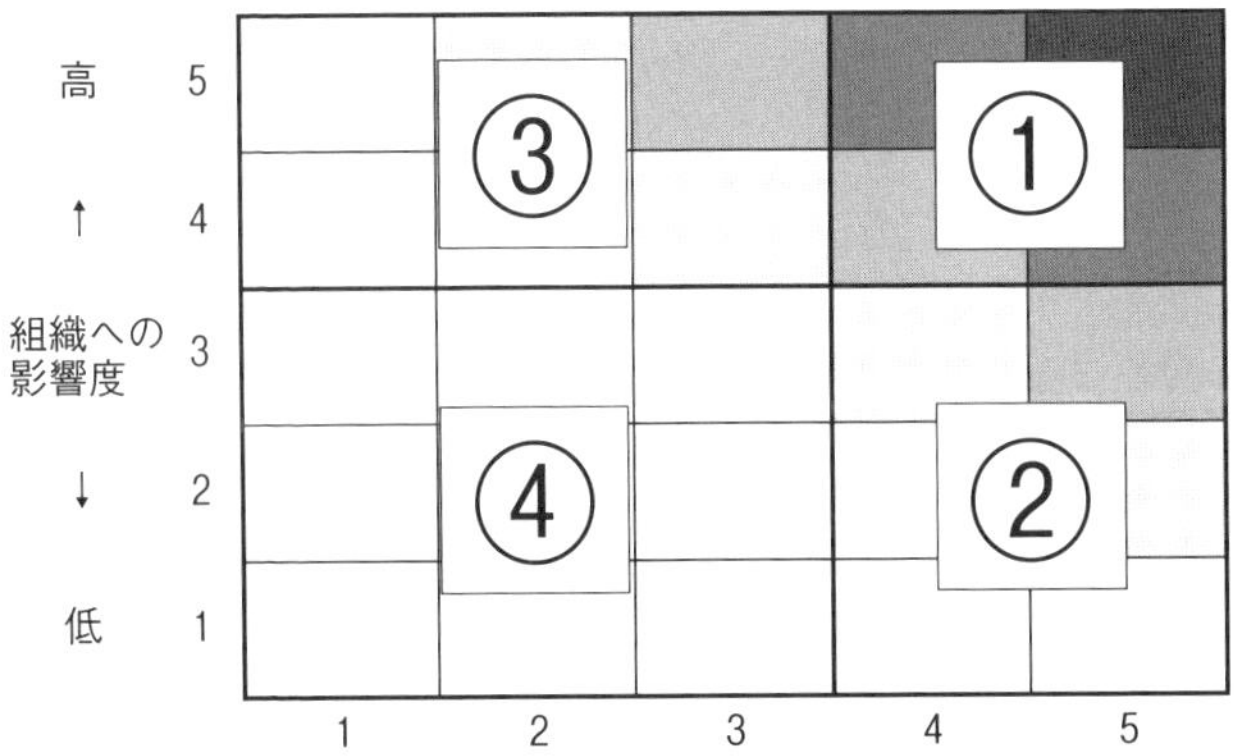

※対応すべきリスクの優先順位は①→② or ③→④の順
※①②③の中でも、色が濃い部分に置かれたリスクほど優先順位が高い

が、筆者の経験からは、リスクコミュニケーションは、対面式で行った方が明らかに議論が活性化します。

ここで、一般的な企業のリスクコミュニケーションのやり方を解説しますが、これを参考に置かれた環境や自組織にあったやり方でやってみてください。なお、「リスクマップ」の作成にあたってとくに留意が必要な点は、作成すること自体が目的化されないことです。あくまでもリスクコミュニケーションを行って、参加者の認識を合わせることが主な目的であることを忘れないようにしてください。

作成の手順は次のとおりです。

リスクコミュニケーション

【STEP1】参加者には事前に身近に潜在しているリスクをはじめ、重要だと思われるリスクを考えてきてもらうよう指示する。その際に、オペレーションリスク、ハザードリスクに加えて事業リスクの三つの視点から、バランス良くそれぞれ五個〜一〇個くらいを抽出してもらう。なお、当該、対話できる時間を踏まえて抽出するリスク数を考える。

【STEP2】当日は四〜五人で一つのグループをつくる。まず、持ち寄ったリスクを基に、マインドマップを活用して、オペレーションリスク、ハザードリスク、事業リスクなど各リスクのカテゴリーごとに対話を行い、リスクの洗い出しを行う。リスク抽出の具体的な方法は後述する。

【STEP3】次に、STEP2で対話しながら考えたリスクについて、あらためて各人ごとに、対話の結果として重要と考えるリスクを絞り込んで、大きめのふせんに書く。抽出にあたっては、各リスクのカテゴリーごとに五個〜一〇個記入する。記入にあたっては、簡潔でありながらも具体的なリスクも合わせて書くことがポイント。

【STEP4】あらかじめホワイトボードに、図表9-1にあるような、5×5のリスクマップの枠を書いておいたものを用意しておく。STEP3の書き出しが終わったら、リスクが書かれたふせんを、リスクマップのそれぞれが評価したところに貼り付ける（四〜五人×一〇個リスク＝五〇〜六〇個のリスクが抽出される）。

そのときの評価の考え方として、縦軸が「影響度（そのリスクが組織に与える影響はどのくらいあるか）」で、横軸が「発生可能性（そのリスクが発生する可能性はどれくらいあるか）」（評価基準は、次節で詳しく解説しますので、そちらを参照しながら実施ください)。として評価する。

【STEP5】STEP4を全員が終えたら、リスクを次のとおり対話しながら整理する。

①表現が異なっても実質的に同じ意味をもつリスクで、評価も同じリスクは一つにまとめる。

②表現が異なっても実質的に同じ意味をもつリスクについて、参加者の評価に差が生じているリスクを中心に「対話(=リスクコミュニケーション)」を行い、認識の相違について議論する。なお、対話は認識の相違が大きいものからはじめることがポイント。

※リスクコミュニケーションにおける留意点として、評価を行った人は、その理由を評価基準(後述)に基づいて論理的に説明する必要がある。ファシリテーターは、建設的な対話になるようリードし、参加者同士の議論を通じて皆が納得する評価を模索し、決定する。これにより、参加者の納得感を引き出しつつ、グループ全体のリスクに対する評価を確定させる。評価の違いはリスク認識の違いを示しており、これに気づくことも重要なポイントであることを意識する。各人が自分の考えをしっかり書き出せるよう促すこと。

③①、②で整理したうえで、再度、全体を俯瞰してみることで、リスクマップが経営（現場）感覚としての違和感がないかを確認する。

なお、ここでは、②の認識合わせのための対話が最も重要となります。言い換えれば、②の対話がリスクコミュニケーションそのものです。リスクコミュニケーションのグループワークの全体像を示すイメージは次頁図表9-2のようになります。

リスクマップ作成のカギ～「作成主体者は誰？」

「リスクマップ」の考え方や作成手順は一般的なリスクマップと基本的に同じですが、本書が提唱する特徴は、作成プロセスを重視している点です。本書での作成方法は、いかに参加者を巻き込み、対話の結果として彼らのリスクリテラシーを高めることができるかに配慮した取組みを考えています。意識づけを目的とした研修的要素を取り入れています。

リスクマップ作成のゴールは、組織全体でリスクに関する認識を共有し、一体となった取組みを行えるようにすることです。これを実現するためには、作成プロセスを重視し、各ステップを段階的に進めることです。なお、リスクマップによる対話を、現場までカス

図表9-2　リスクコミュニケーションのグループワークの全体像を示すイメージ

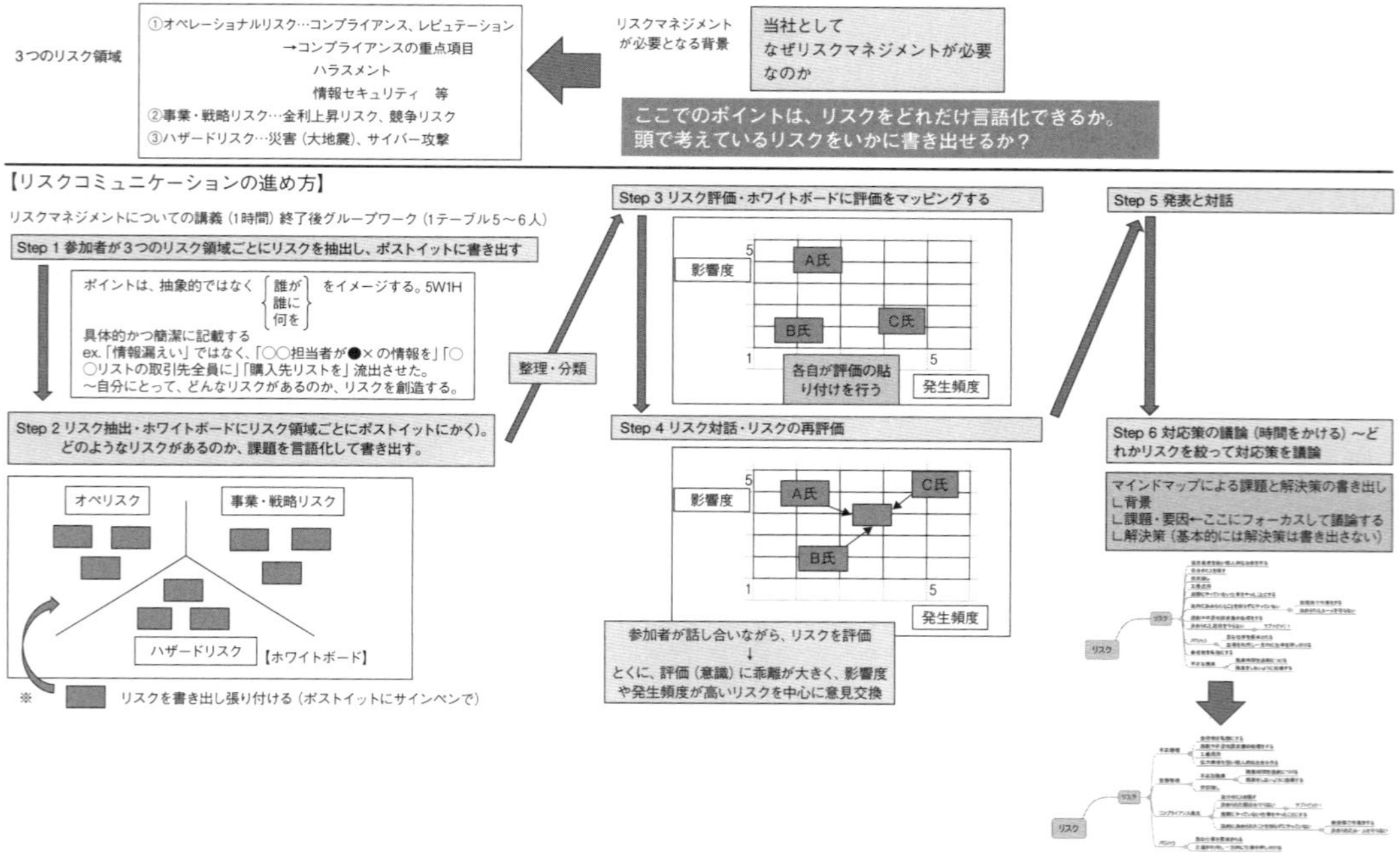

ケードして、取り組むことで組織全体に浸透させ、全体のリスクリテラシーを底上げするために有用なものとなります。なお、職階ごとにリスクマップを作成する視点や目的が異なるため、誰を対象にするかを考慮して作成方法を決定することも大切です。

たとえば、リスクマップによる役員同士の対話の目的は、役員の認識を一致させることで、万が一有事が発生した際にも判断にぶれが生じにくくなり、対応が遅れることを防ぎ、不祥事や事故の抑止にもつながります。そもそも、役員は会社法上、リスクマネジメント体制の構築義務を負っており、リスクマップによる対話を通じて役員の認識を統一することは経営の前提でもあります。

他方で、管理職間で作成する場合、リスクマップによる対話を通じて組織の方針の理解を促進させるとともに、管理職自身のリスクリテラシーを高めることが期待されます。なお、管理職の言動が現場の組織風土を形成するため、まずは管理職がリスクマップを基にリスクコミュニケーションを行い、経験や勘に頼った行動から脱却し、経営課題の言語化による可視化を促すことも重要です。リスクコミュニケーションを通して組織内部で、各人が認識しているリスクの可視化と認識の共有を図ることが期待されます。

また、こうしたリスクコミュニケーションを組織全体にカスケードして展開することで、各部署での〝部署教育〟として位置づけ、全体のリスクリテラシーを高め、リスク意識を浸透させていくことができます。

なお、組織全体にカスケードするには、経営陣からはじめて段階的に職階を下げていくのが一般的ですが、組織の規模や風土に応じて柔軟に対応することです。たとえば、オーナー系の中規模企業では、役員から議論を開始する方が有用かもしれません。一方で、大企業の場合は、管理職からスタートし、その成果（管理職のリスクに対する認識の差異や合意に至る経緯など）を受けて役員が対話を行う方法が効果的な場合もあります。

リスク抽出の実践的な方法

日常的に漫然と行っている業務を、立ち止まって考えてみたり、勘と経験に基づいていた感覚のものをリスクとして言語化したりするのは簡単ではありません。実効性のあるリスクマップを作成するためにも、リスク抽出方法が重要となります。適切なリスクを抽出するためにも、まずは、身近なリスクや社会が関心を寄せている具体的なリスクから考えることで、段階的に抽出していくのも一案です。はじめに身近で具体的なリスクを対象としてすることで、リスクを自分事化して考えてもらいリスク認識を高めます。ただし、参加者のレベルに応じて臨機応変な対応が大切です。漠然と全社のリスクを抽出してもらう方法のほか、あらかじめ提示したリスクに関連するリスクを抽出してもらうことで、リスクの範囲を特定する方法などもあります。

　リスク抽出には次の三つの視点から行うと良いでしょう。

①事業リスク
②オペレーションリスク
③ハザードリスク

リスク抽出にあたっては、簡潔な表現を心がけつつ、できるだけ具体的に記述します。その際、各リスクが自組織に具体的にどのような影響を及ぼすかを考えることが重要です。また、似たようなリスクが出た場合には、解決策の観点から類似性があるもの（この時点では感覚的なもので構いません）をまとめて整理します。

　さらに、一般的に取り上げられるリスク（例：ハラスメント、労務管理、情報管理）を意識しつつ、経営判断として不可避な重要リスク（例：品質データ改ざん）や環境変化に伴い生じるリスク、組織風土に起因するリスク（例：上司と部下のコミュニケーション不足、他部署との連携不足）についても考慮することです。

　リスクを考える際には、日常業務に潜在するリスクのほか、業務プロセスの視点からのリスク、全社的な視点からとらえるリスク（ITリスクなど）、社会の潮流を意識したリスク（ESGなど）など様々な観点から抽出する必要があります。リスクの性質に応じて社外役員や外部識者など、関係者を上手に巻き込むことです。

対話にあたっては、事前にそれぞれの視点から抽出したリスクを用意してもらいます。この際、リスクマップの作成に参加する者がリスクを抽出しやすい形に分類しておきます。なお繰返しですが、こうした活動に慣れていない場合は、日常業務の身近なリスクから議論をはじめるのが良いでしょう。

問題が生じたとき社会からの批判が組織の大きなダメージになります。「組織の常識が社会の非常識」だということが表面化したときに凄まじい社会批判を浴びかねません。その意味では、日常的に当たり前と思っていることが、「実は組織内の常識が社会の非常識だった」ということに気がつくきっかけとなることがリスクリテラシーを高めます。他方で、はじめから法令等に違反するリスクという視点から取り上げると、抽出されるリスクが形式的かつ抽象的で漠然としかねません。このように現場の実態を踏まえたリスクをいかに抽出できるかがカギとなります。

リスクの抽出においては、簡潔な表現を心がけつつ、より具体的な記述が重要です。「誰の誰に対する、どのようなリスクなのか」が連想できるレベルに具体的に表現することがポイントです。たとえば、「ハラスメント」であれば「上司の部下に対するセクハラ」や「社員から下請け業者へのパワハラ」といった具体例を挙げることで、対応策が異なることがわかります。また、「情報漏えいリスク」についても「顧客情報の漏えいリスク」のように、誰に対する何という具体的なリスクが連想される表現することです。具体的に表現することで、リスク評価の際に参加者の認識を合わせやすくし、実感をもってリスクをとらえることができます。結果として、認識のずれも最小化されます。

なお、リスク抽出にあたっては、マインドマップの活用が良いです（次頁図表9-3）。はじめに、参加者同士で、思いつくリスクを書き出しまくります。議論が進んだところで一旦、テーマごとに分類・整理します。さらに、関連するリスクを抽出するといったことを繰り返すことでリスク抽出と整理、深掘りが可能になります。この際、書き出し量が大事です。

何度も指摘するように、リスクマップ作成による対話の重要な狙いの一つが組織全体のリスクリテラシーの向上です。誰を対象に、どのようなリスクを取り上げるのか。といった点について、自分の組織にあったリスクコミュニケーションの方法を体系的に考えることです。

図表 9-3　マインドマップの活用例

①参加者同士で、思いつくリスクを書き出しまくる

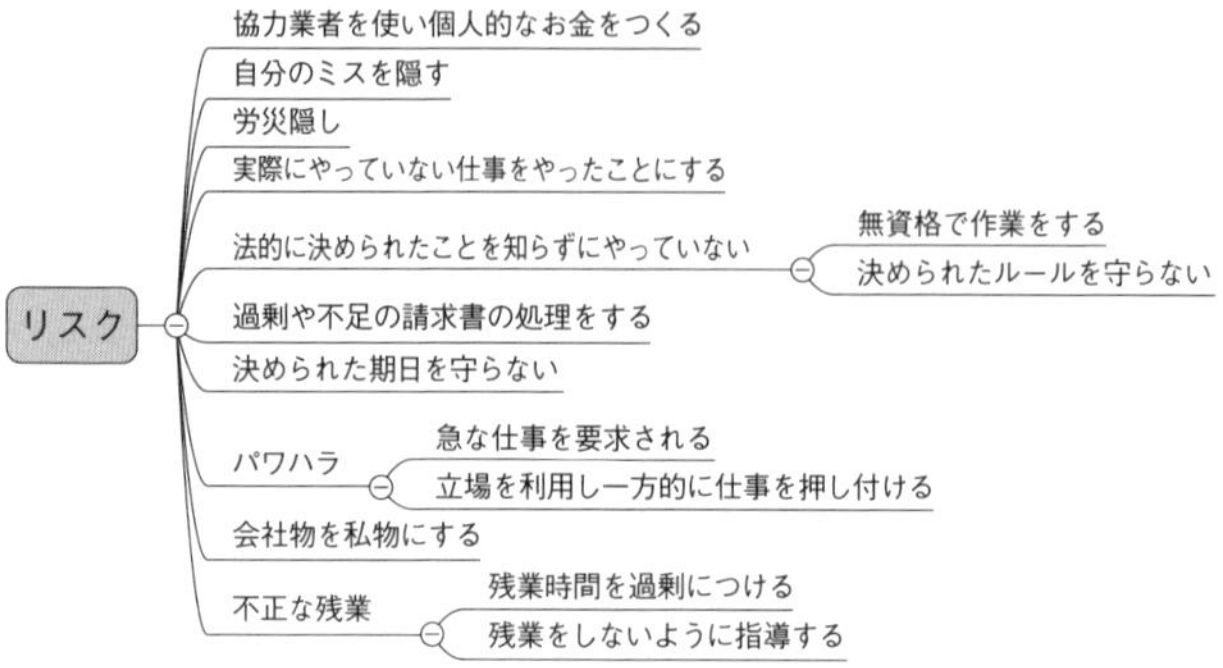

②テーマごとに分類し、関連するリスクを深掘りしていく

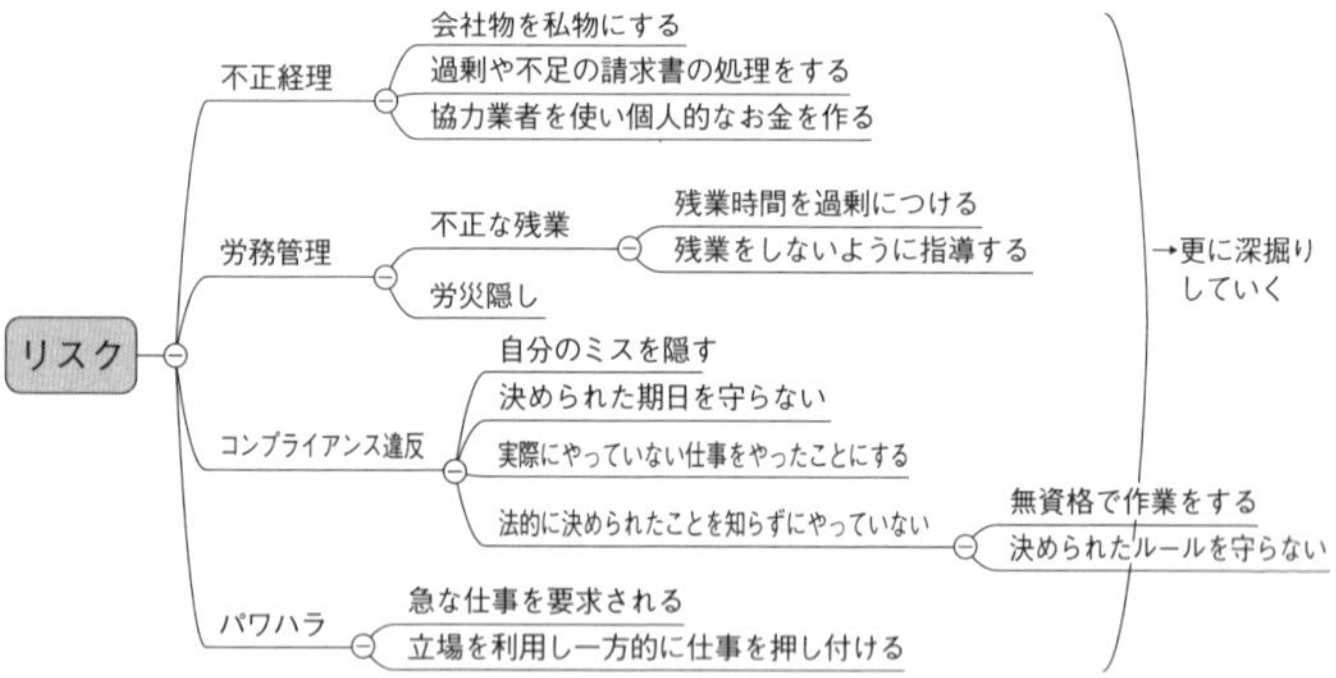

リスクマップにおける評価基準の考え方

リスクの評価基準について説明します。

まず、基本的な考え方として、縦軸に「影響度」、横軸に「発生可能性」を設定し、これを基に評価を行います（図表9-1）。この際、とくに重要なのは横軸の「発生可能性」に関する考え方です。後述するように、過去の経験則や予測可能性の視点ではなく、マネジメントコントロールとしての視点から評価を行います。

なお、評価において大事なことは、繰り返し指摘するように、リスクマップの作成目的に立ち返ることです。リスクマップを作成する主な目的は次の二点です。

①管理職や従業員のリスク認識を共有し、作成プロセスでリスクに対するリテラシーを向上させること

②自社における重要な経営課題としてリスクを特定し、限られた経営資源を配分するための意思決定に資する情報を作成すること

これらの目的を常に意識して評価を進めることが重要です。

なお、参考となる評価基準は示しますが、大切なことは、目的を実現することであり、評価基準に厳密に合わせることではありません。視覚的にも納得できるように実態を反映し、意思決定に有用なリスクマップを作成できるかです。また、関係者が納得できる評価とすることで、腹落ちした理解を促し、今後の対策にもつながります。それゆえに、成果物を作成することよりも作成プロセスとしての対話を重視した取組みが求められるのです。

縦軸：影響度

「影響度」とは、組織にどのくらい影響を与えるかという視点からの評価です。組織にとっては些《さ》細に思えるコンプライアンス違反でも、社会からの要請（期待）に反すると判断されると、大きく批判されます。時には、法令等に違反していなくても、外部に適切な説明ができないだけで不祥事の烙《らく》印を押され、企業ブランドを著しく毀損することもあります。

さらに世論（＝社会からの要請）が司法判断にも影響することすらあるのです。ですから、社会からの要請に対応できているかどうかの視点から評価を行うこともポイントです。司法の判断や組織のレピュテーションに、世論（＝社会からの要請）が多大な影響をもつ現代においては、法令に対応しているかだけではなく、社会からの要請に対応できているかも重要な点となります。それゆえに、「影響度」を考える際には、社会からの要請の視点も踏まえ評価していきます。

具体的な評価にあたっては、三段階から七段階くらいの間で考える方法もありますが、筆者の経験からは図表9-4にあるように、五段階評価で考えることをおすすめします。評価基準は、細かすぎると混乱をもたらしますが、逆に大雑把すぎると認識の差がみえにくくなります。

概ねの考え方として、評価5は大きな影響をもたらすリスク、評価4は一定の影響があるリスク、評価3は想定の範囲内の影響度のリスク、評価2は多少の影響があるリスク、

図表9-4 「影響度」の5段階評価

5	事業への影響：非常に大きい 善管注意義務などの管理責任：強く問われる 社会の関心（社会からの要請）：非常に高い
4	事業への影響：大きい 善管注意義務などの管理責任：強く問われる可能性がある 社会の関心（社会からの要請）：高い
3	事業への影響：一定程度ある 善管注意義務などの管理責任：問われる可能性がある 社会の関心（社会からの要請）：一定程度ある
2	事業への影響：限定的にある 善管注意義務などの管理責任：問われる可能性は低い 社会の関心（社会からの要請）：高くない
1	事業への影響：ほとんどない 善管注意義務などの管理責任：問われない 社会の関心（社会からの要請）：低い

評価1はほとんど影響がないリスク、と感覚的に評価しやすい基準にしています。

この際、影響について、金額基準（起きた場合の損失額）で評価する方法もありますが、金額でははかれないレピュテーションなどの損失もあるので、組織への影響度について、一応の目安を示しつつも、感覚的に整理する方が実践的です。

また繰り返しとなりますが、「影響度」はできるだけ社会の視点から評価すると認識のずれが生じにくくなります。社内の常識と社会の常識を合わせることがポイントとなります。

このように評価すると、あくまで「感覚」に基づく整理となるため、対話を通して参加者が環境変化や社会からの要請を的確に認識していくことが前提です。そのため社会的な感覚をもった人や、必要に応じて外部の人がファシリテーターとしてリードすることが求められます。組織内の常識が社会の非常識とならないようにするためにも、バランス感覚をもったリーダーが必要です。そうでなければ、社会の常識からずれた評価を行い、誤ったリスク評価をしてしまう危険性があるからです。

横軸：発生可能性

コンプライアンスリスクマップの作成において重要なのは、横軸の「発生可能性」です。「発生可能性」は、単に過去の経験則や未来の予測に基づく評価ではなく、次の二点から評価します。まず、「当該リスクに対して、運用面から組織がどの程度マネジメントコントロール（＝予防的措置）を行っているか」、次に「組織として当該リスクに対して適切な対応をとっていることをきちんと説明できるか（＝説明責任）」です。

「説明責任」の視点からは、自身が対応できていると感じていても、的確な説明ができなければ十分な運用とはいえません。部下や同僚に説明できない場合、業務の指示が不十分になり、外部からの理解も得られず、誤解を招いて社会批判を受ける可能性があるからです。

なお、発生可能性における評価基準は「影響度」の基準に合わせます。「影響度」と同様に、五段階での評価をおすすめします（次頁図表9-5）。なお、「マネジメントコントロール」がどの程度確保されているかは、以下の①～④の観点から具体的に検討する必要があります。とくに「説明責任」を果たせるかどうかは、①～④の点から論理的に説明できるかどうかがポイントとなります。

①意識：管理職や従業員など各職階・階層ごとに、何を、どのように、どれくらいの頻度でリスクリテラシー向上の取組みを行っているか、意識づけをしているか

②組織風土：現状の組織風土と向き合い、悪しき文化と決別を図り、風通しや職場仲間との協力関係について具体的な対応ができているか

③仕組み：体制構築の有無および、それらがリスクに応じた効果的な運用が行われているか、また実効性のある啓発活動が実施されているか

④モニタリング：定期的に当該リスクの発生をとらえて牽制できるようになっているのか、問題があれば適時に見直しをしているか

ここで気をつけてほしいのは、「③の仕組みを構築している」＝「予防的措置がとれている」＝「発生可能性をコントロールできている

図表 9-5 「発生可能性」の 5 段階評価

5	予防的措置：十分な取組みがなく、実効性がない 説明責任：まったく果たせない
4	予防的措置：ある程度取り組んでいるが、十分な実効性がない 説明責任：果たせない
3	予防的措置：ある程度取り組んでおり、実効性がある 説明責任：ある程度は果たせる
2	予防的措置：十分に取り組んでおり、かなり実効性がある 説明責任：かなり果たせる
1	予防的措置：十分に取り組んでおり、非常に実効性がある 説明責任：ほぼ完璧に果たせる

いる」と思い込んでしまわないことです。

しばしば、ある程度の仕組みが整っている組織でも不祥事を起こすことがあります。たとえば、「サービス残業」は法律違反です。当該リスクに対して、たとえば、管理職を対象に研修を行い、ＰＣの記録時間のログとの照合を図ることで、サービス残業ができない仕組みを整えていたとしても、実際の現場では、管理職が「書類を印刷して家に持ち帰って仕事をする」ことが常態化し、サービス残業や過重労働が問題となることがあります。この背景には、管理職ならば、いくら働いてもやむを得ないという意識が根底にあるのではないでしょうか。また、仕組みを整えても仕事量の調整ができなければ、どこかにしわ寄せが行くだけで根本的な解決にはなりません。このように、実際の運用においては仕組みをつくるだけでは不十分な場合が多いのです。

このケースでは、四要素のうち「③仕組み」が整っていても、「①意識」や「②組織風土」に起因して不祥事が発生する可能性が高くなります。つまり、いくらマニュアルやルールなどの仕組みを形式的に整えても、発生可能性をコントロールできているとはいえません。

そのため、「③仕組みを構築」していたとしても、適切に運用されていなければ「実効性」のある取組みとはいえず、発生可能性の評価は５や４にしかならないのです。

それに対して、このようなケースで、マネジメントコントロールを効かせるには、

①意識：上司、部下のそれぞれに啓発活動を定期的・継続的に行っているなど

②組織風土：現状の組織風土を把握し、これまでの悪しき組織風土を見直すための施策を検討しているほか、ベテラン従業員を中心に解決策の対話を繰り返しているなど

③仕組み：実態を踏まえた仕組みを導入し、業務量の見直しのほか、実効性が担保される取組みが具体的になされているなど

④モニタリング：日常的に現場を回って確認しているほか、部内調査を独自に行うなど運用実態の把握に向けた施策を講じているなど

①～④のように具体的な施策が行われ、こうした取組みをわかりやすく説明できた段階で、評価は3または2となります。なお、運用が人の行動に依存する場合、どんなに体制が整っていてもすべてをコントロールすることは難しく、仕組みを整えても予防には限界があります。そのため、どんなに評価が高くても、2が最高評価となります。いずれにしても、3を合理的な対策としての基準と考えると良いでしょう。

このように、発生可能性について①～④の視点から考察し整理することで、論理的かつ

効果的な評価がしやすくなります。

リスク対策の優先順位のつけ方

リスクマップの作成にあたり、関係者間の対話を通じて重要度の分類整理を行い、関係者の納得感と認識を合わせたら、限られた経営資源をどのリスクに配分するかを検討します。その際、図表9-1を基に、リスクを①〜④のマトリックスに分けて、リスク対応の大きな方向性を確認します。

まず、図表9-1中の④は、対応をしなくても良い（現行の対応で許容する）リスク群です。限られた経営資源ですべてのリスクに対応することはできませんので、④に分類されたリスクは、経営への影響が限定的と考えられます。

次に、③は経営上重要なリスクですが、マネジメントコントロールにより発生可能性を相当程度は低減できているリスク群です。しかし、気の緩みや対応のマンネリ化がリスクの顕在化を招き、大きな問題を引き起こす可能性があります。このため、こうしたリスクに対してはモニタリングが重要です。内部監査などの重点項目とすることが考えられます。

②は、これまで十分なリスク認識がなく、対策を講じてこなかったリスク群です。この

リスク群は現時点では会社に影響を与えるほどの問題になっていないものの、環境変化によって突然重要なリスクになる可能性があります。環境変化の激しい現代では、②のリスクに警戒を怠らず、変化が起きた際には迅速に対応できる体制を整えることが重要です。とくに、ＳＤＧｓやＣＳＲに関するリスクのように短期的には顕在化しなくとも、中長期的に顕在化するリスクも含まれます。このため、社会の潮流の変化に留意した対応が求められます。

最後に、①は組織として最優先で対応すべきリスク群です。経営に影響を与える重要なリスクでありながら、十分なマネジメントコントロールができていなかったと考えられるリスク群です。①に分類されたリスクには、限られた経営資源を優先的に配分してでも早急に取り組むべき経営課題となります。リスクマップの作成を通じて①のリスク群を特定することが主要な目的の一つとなります。

なお、各リスク群の中でも優先順位をつけて議論を行うことで、限られた経営資源の配分を検討しやすくすることも重要です。

リスク対応計画の策定に際して

リスクマップによるリスクコミュニケーションを通じて、優先的に対応すべきと判断されたリスクに対して対応計画を立案します。経営資源に限りがある中で、多くのリスクに対応しようとすると、表面的・形式的な取組みになりかねません。まずは、優先度の高い重要な課題に絞り込み、徹底的に根本原因を探求し、実効性のある解決策を模索するべきです。徹底した根本原因の探究を通して、真の根本原因を探ることで、結果として複数のリスクに共通する原因がみえてくることもあります。たとえば、〝サービス残業〟や〝パワーハラスメント〟などのリスクの背後には、「組織内部のコミュニケーション不全」といった共通の根本原因が存在することがあります。

なお、根本原因の探求にあたっては、解決策ありきの議論にならないよう注意が必要です。議論を急ぐあまり、解決策を前提にした議論を展開すると、原因探求が不十分なまま表面的・形式的な対策が講じられる恐れがあります。たとえば、〝情報漏えいリスク〟に対して「教育研修の充実」や「実態に即したルールの更新」といった抽象的な施策だけでは、必ずしも有効な対策はできません。

まず、意識が低くなる原因はどこにあるのか、誰の意識が低いのかを明らかにする必要があります。研修を行う場合でも、誰に対して、どのような内容を、どのタイミングで実施すべきかを検討する必要があります。また、ルールが実態に合っていない場合、その原因は何か、現場でおかしいと思いながら対策がとられなかった理由は何かといった、構造的な問題も含めて根本原因を徹底的に深掘りすることが重要です。こうしてはじめて、適切かつ具体的なリスク対応計画を実現することができます。

なお、リスク対応計画は、図9-6のように、表形式でまとめます。必ずしもこの表通りでなければならないというわけではありませんが、参考にしてください。

図表 9-6　リスク対応計画のフォーマット例

優先順位	リスク概要	現状分析		リスクマップでの評価		解決策	対応期限	責任者（担当部署）
		背景	根本原因	組織への影響	発生可能性	アクションプラン		

リスク対応計画を策定する際の留意事項

リスク対応計画の策定にあたって留意すべきことは、「実効性」の担保です。各リスクに対して「5W1H――何が（What）、なぜ（Why）問題なのかを深掘りしながら、誰が（Who）、いつまで（When）、どこで（Where）、どのように（How）対応をするのか――」を意識し、具体的な計画を策定する必要があります。

現場の人たちがリスクを認識しながらも対応できていないのならば、そこには何かしらの事情があります。なぜ、そのリスクを解決できずにいるのか。もし、根本原因が構造的な問題であったり、組織風土の問題だった場合には、抜本的な構造改革と意識変革が必要となります。

「意識変革」の場合、「研修」などの単発的な施策では解決できません。そうした意識になる根本原因を踏まえつつ、意識を変えるための施策をプロデュースし続けなければ人の意識は変わりません。なぜ、そのような意識になったのか、どうしたら意識を変えられるのかを考えます。たとえば、「品質データの改ざんリスク」の根底に、品質管理よりも生産・営業を優先した組織風土があるとしたら、「データ改ざんはいけません」という研修を行うのではなく、組織風土から見直さなければ根本的な解決にはつながりません。

組織に横たわる重要なリスクに対応する際は、手間や時間がかかってもリスク対応計画の策定にできるだけ多くの関係者を巻き込むことです。計画を自分事化し、自発的な行動を促すためにも、関係者が何らかの形で策定プロセスに関与できるようにしましょう。また、リスク対応計画策定のための「対話」を研修などの形で行うことも有効です。

「リスク対応計画策定」のための対話

リスク対応計画策定のための対話は、おおまかなやり方は、リスクマップ作成のための対話と基本的には同じですが、こちらもやり方を紹介します。

【STEP1】抽出した対応すべきリスクについて、現状分析のための対話を行う。一グループ四～五人で構成し、ホワイトボードやマインドマップを利用しながら、当該リスクの「（根本）原因」「背景」を思いつく限り、出し合う（事前にホワイトボードなどに、「背景」「（根本）原因」「解決策」の三つの枠を用意しておくこと）。ここでは、可能な限り思いつくことを書き出すことが重要。また、課題出しにあたり、解決策は書き出さないこと。頭の中で解決策を考えながらも、書き出すのは課題だけにすることがポイント。

【STEP2】STEP1で、ある程度、考えられる課題や原因を書き出したら、一旦整理を行う。書き出した要素を、「背景」と「原因」に再度、整理・分類したうえで、さらに「原因」について、解決策を意識しつつも（解決策は書き出さず意識するのみ）、①意識の視点、②組織風土の視点、③仕組みの視点、④モニタリングの視点の四つに視点から分類・整理を行う。

※筆者の経験上、課題の深掘りを行う対話は、操作性が高くオンラインでの実施にも適したマインドマップを利用するのがおすすめです。マインドマップは、論点について、ツリー状に展開していくので、論点や課題が言語化されたものが体系的に可視化され、議論の途中においても整理がしやすいため、対話を円滑にすすめられます。

【STEP3】STEP2で整理した後、さらに原因の検討や深掘りを行う。検討にあたっては、偏りのある議論になっていないか、先述した四つの視点から十分に議論が尽くされているかを確認すること。また、深掘りについては、取り上げた原因について「なぜ、そのような原因があるのか」という視点から三～四回ほど繰り返して考えることで、真因に近づけるようにする。なお、日常的に思考することに慣れていない場合、深掘りが難しく感じることもあるが、徹底した鍛錬が重要。

時間に限りがある場合は、とくに重要と思われる原因に絞り（二〜三項目が目安）、その原因に対して徹底的に「なぜ　なぜ　なぜ」を繰り返し、深掘りを行うこと。十分な深掘りがないまま、一足飛びに解決策に飛び付くと、実効性のない表面的な施策になりかねない。徹底した原因の深掘りは、真因となる原因への対応を考えることができ、実効性のある解決策を導き出すことができるようになる。

※次頁の図表9-7を参考に議論を展開してみてください。最初の原因で立ち止まって解決策を考えるのと三度目の原因への対応策では、施策が大きく異なることがわかります。徹底した議論を通して、実効性のある解決策を導き出しましょう。

【STEP4】原因に対して三〜四回の「なぜ」を繰り返すことで真因を突き止め、それに対する対応策を図表9-6の参考例などの形でリスク対応計画に落とし込む。なお、解決策については、この段階ではじめて言語化して書き出す。その際に留意するのは、「（根本）原因」と「解決策」が表裏一体となるように、「解決策」を示すことである。

【STEP5】各グループでの対話が終了したら、全体での対話を行う。全体の対話では、

図表 9-7　議論のイメージ

重要そうな原因に絞って（2～3項目が目安）、その原因から、**徹底的に「なぜ　なぜ　なぜ」を繰り返し、原因の深掘り**を行う。原因の深掘りなしで一足飛びに解決策に飛び付くと、実効性のない表面的な施策になってしまう。原因を深掘りした結果として出てきた解決策が実効性のある真の解決策となる。

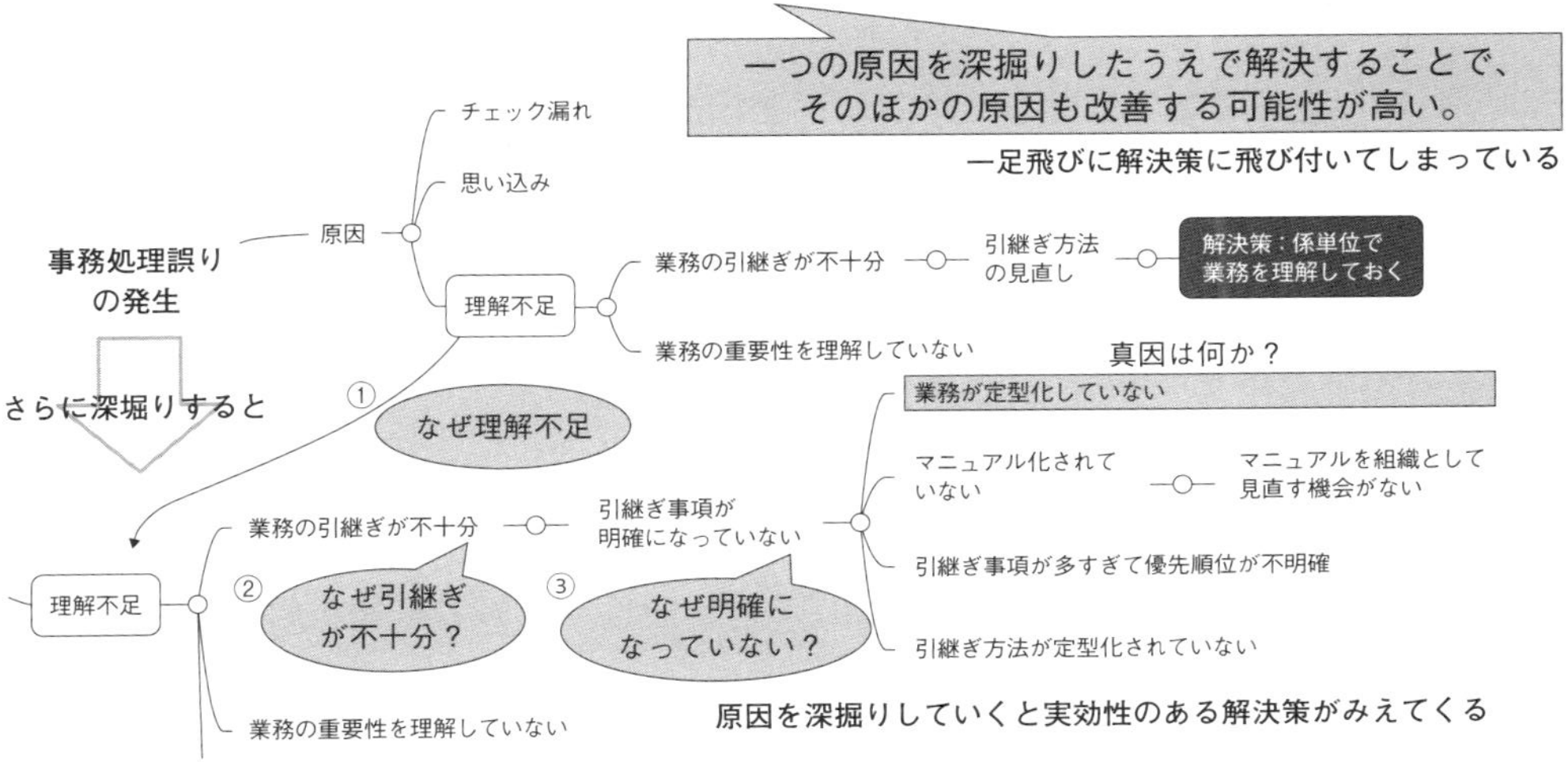

グループ間での当該リスクの「根本原因」を中心に発表し、質疑応答を行う。ファシリテーターは、参加者が自分事化して考えられるよう、質問者を指名するなどの工夫をして活発な議論を引き出すこと。良い質問を促すためにも、質問者は論理的矛盾がないか、原因のさらなる深掘りがなされているかを意識しながら質疑を行い、全体としての結論をまとめていく。

リスクの「背景」「(根本)原因」「解決策」を全員で徹底して考え、リスク対応計画に結びつけることで、関係者各自がリスク対応を自分事として受け止められるようになり、自発的な行動が促され、組織風土を変えていくことができるようになります。

「背景」「(根本)原因」「解決策」を考える際の留意点

あらためてになりますが、リスク対応計画策定のための対話において、「(根本)原因」の探求や「解決策」の検討にあたっては、次の二つの点に留意してください。

まず一つ目は、解決策ありきの議論をしないことです。根本原因を深掘りし、その裏側を考えることで自然と解決策が浮かぶことが理想的です。具体的な解決策が見つからない場合や思い当たらない場合は、まだ「根本原因」にたどり着いていないことを意味します。リスク対応計画を作成する目的は、あくまでもリスクに対して実効性のある解決策を策定することです。解決策ありきで考えてしまうと、形式的・表面的な対応策になりかねず、実効性のある対応策にはなりません。時間がかかるかもしれませんが、本質的な根本原因を徹底して深掘りし、解決策の糸口をみつけてください。

二つ目は、根本原因を深掘りする際に、当該リスクが生じる「背景」と「(根本) 原因」をしっかり分けて考えることです。「背景」と「(根本) 原因」を見誤ると、議論が混乱し、実効性のある解決策を導き出すことができません。とくに「背景」は、自分たちではコントロールできない所与の条件を指します。たとえば、「SNSにより情報拡散が容易になる」「オンライン会議が増えた」といったことは、自分たちではどうにもならない環境変化です。こうした不可抗力な事柄は、むしろ経営の制約条件として認識しなければなりません。一方で「原因」とは、自分たちに起因するもので、コントロール可能なものを指します。たとえば、「部下とのコミュニケーションの頻度を高める」「意見が言いやすい環境をつくる」「仕事量をコントロールする」といったことは、自身や職場の環境、業務方法を変えることで解決が可能なはずです。

したがって、対話では「原因」をしっかり議論することに意味があります。「背景」と「原因」は明確に分けて議論することです。

　また、「背景」と「（根本）原因」を誤認すると正確に現状分析ができず、実効性のない「解決策」になりかねません。たとえば、「ワークライフバランスを重視して仕事よりもプライベートを優先する部下のマネジメントの難しさ（仕事が未了でも、定時に帰宅する等）」というリスクがあったとします。「部下の仕事への意識や姿勢が問題だ」ととらえるならば、倫理的な教育不足が原因となり「教育・研修」が解決策となるかもしれません。しかし、社会の価値観そのものが「仕事一筋」という考え方から「生活を豊かに」という考え方に変化しており、社会の環境変化に起因するこうした意識変化は、むしろ「背景」ととらえるべきです。こうした「背景」に対し、未だに古い考え方をもつ人のマネジメントの仕方こそが「原因」かもしれません。そうだとすると、このリスクへの解決策は、管理職のマネジメント力を高め、意識や行動を変容させることとなります。「背景」と「原因」のとらえ方によって、取りうる解決策は大きく変わってしまいます。

思考を深めていく機会に

　リスク対応計画を作成し、リスクに対する「背景」「（根本）原因」「解決策」を考えることは、実効的な解決策を導くだけでなく、参加者の思考を深め、リスクリテラシーを高めます。

しかし、現場の実態は、膨大な情報と作業量に追われ、業務を処理することに精一杯になっているかもしれません。たとえば、仕損品が出た際には、その原因報告書を作成しなければなりませんが、余裕がなければ書類作業として、十分な検討もないままこなしていることがあります。デイリーワークの中で忙しさゆえに物事を深掘りして考えることができていないことも多いのが実状でしょう。じっくり考える時間的余裕がなければ、根本的・構造的な問題やヒヤリハット事例を見逃してしまいます。だからこそ、立ち止まって一つの物事を徹底的に考えるトレーニングが必要です。四半期に一回、最低でも年に一回以上は深く考える時間を設けることが重要です。そうすることで、物事を深く思考することが自然と身につき、同時に変化に対する感受性も高まり、リスクリテラシーが向上します。デイリーワークの中で異常点への気づきや問題意識を持てるようになり、思考する習慣が身につくことで、大きなリスクの回避にもつながります。

深い思考が身についた結果として業務への向き合い方を変え、環境変化に適応した行動を促し、様々な施策の実効性を高めるのです。

改訂版　おわりに

本書の発刊から3年が経ちました。この間、社会のデジタル化は急速に進み、Chat―GPTに象徴される言語学習モデルの進化も目覚ましいものがあります。多くの業務がAIや機械に取って代わられるのも時間の問題です。とくに、弁護士や公認会計士、税理士など、知識に依存する業務の70～80％はAIで十分に代替可能な時代が到来しました。今後五～一〇年で、ホワイトカラー業務の多くがAIに置き換わっていくことは避けられないでしょう。特に、PC入力などの単純作業は、LLM（大規模言語モデル）とRPA（ロボティックプロセスオートメーション）によって自動化されると考えられます。

しかし、私はすべてが簡単にデジタル化されるわけではないと思っています。最終的に「人間」が主役である社会においては、どのような時代であっても、ビジネスには必ず人との関わりが伴います。そのため、対話力など、人間本来の力がこれまで以上に求められる時代になっているのではないでしょうか。

一方で、そうした力を十分に備えた人が多いとは限りません。業務の多くがAIに代替される時代だからこそ、AIには代替できない、人間本来の能力を高めることが重要です。本書では、その思いも込めて考察を重ねてきました。形式的な体制やルールの遵守に留まらないよう、対話を根幹に据え、人間同士の触れ合いを大切にすることが、思考停止に陥らないためのコンプライアンスだと考えています。また、環境の変化に柔軟に対応するためにも、リスクリテラシーを高め、今後の社会で求められる能力と人材の育成に期待しています。また、社会のデジタル化が進むことで、あらゆることがこれまで以上に透明化され、不正がしにくい時代が訪れます。「この程度なら」という安易な考えから脱し、変化に合わせて社員を守ることが不可欠です。

組織が環境変化に適応し、持続可能な経営を行うためには、制度や仕組みだけでは本質的な問題を解決できません。最終的には、それを支える「人間」の力にかかっています。持続可能な経営のために、これからの時代に必要なのは、人間本来の能力を備えた人材の育成です。そして、当たり前のことを基本に忠実に実行できるかがカギとなります。

環境変化に柔軟に対応することで、持続可能な経営に寄与できることを願っています。

最後に、本書の執筆と改訂版発行にあたり、支えてくれた家族と、校正に尽力いただいた第一法規の方々に心から感謝いたします。本書が読者の皆さまにとって実務上有益なものとなることを願っています。

二〇二五年一月　大久保　和孝

参考文献

『新装丁版 現代の帝王学』伊藤 肇著、プレジデント社、二〇一七年
『エルサレムのアイヒマン 新版――悪の陳腐さについての報告』ハンナ・アーレント著／大久保和郎翻訳、みすず書房、二〇一七年
『菊と刀』ベネディクト著／角田安正翻訳、光文社、二〇〇八年
『「法令遵守」が日本を滅ぼす』郷原信郎著、新潮社、二〇〇七年
『サピエンス全史』ユヴァル・ノア・ハラリ著／柴田裕之翻訳、河出書房新社、二〇一六年
『アンナ・カレーニナ』トルストイ著／望月哲男翻訳、光文社、二〇〇八年
『眼の誕生――カンブリア紀大進化の謎を解く』アンドリュー・パーカー著／渡辺政隆・今西康子翻訳、草思社、二〇〇六年